INTERPRETATIONSHILFE
DEUTSCH

Bertolt Brecht

Leben des Galilei

Interpretiert von Corinna Scheurer

STARK

Bildnachweis

Umschlagbild: Szenenfoto Galileo Galilei © bpk

Seite 1: Galilei demonstriert vor dem Senat zu Venedig sein der holländischen Erfindung nachgebautes Fernrohr (Fresko von Luigi Sabatelli, um 1820) © bpk

Seite 5: Porträt Bert Brecht (Porträtfoto von Gerda Goedhart, 1953 in Berlin-Weißensee) © bpk

Seite 11: Nikolaus Kopernikus (zeitgenössischer Kupferstich) © bpk

Seite 18: Titelseite des Dialogo (Kepler und seine Zeit. Ausstellung in der Universitätsbibliothek Münster im 350. Todestag nach den Tode Johannes Keplers. Katalog, München 1980)

Seite 26: Galileo Galilei (Porträtgemälde von Justus Sustermans, um 1630) (Foto Alfredo Dagli Orti, 1991) © bpk

Seite 31: Szenenfoto von Galileo Galilei (Foto: Rainer Maria Wallisfurth) © bpk

Seite 36: Nikolaus Kopernikus, Astronom und Domherr zu Thorn (Gemälde von Jan Matejko, 1873) © bpk

Seite 38 oben: Giordano Bruno (Holzschtich seines Denkmals in Rom auf dem Campo dei Fiori) © bpk; unten Fernrohre des Galilei (Museo di Fisica e Storia Naturale, Florenz)

ISBN 978-3-89449-495-7

www.stark-verlag.de
1. Auflage 2000

Inhalt

Vorwort

Einführung 1

Biografie und Entstehungsgeschichte 5

Inhaltsangabe 11

Textanalyse und Interpretation 21

1 Aufbau und Textstruktur 21

2 Charakterisierung der Hauptfiguren 24

3 Motive und zentrale Aspekte 36

4 Literarische Form und ihre Einordnung – Brechts Konzeption des epischen Theaters 40

5 Erzähltechnik – epische Elemente im *Galilei* 42

6 Sprache 45

7 Interpretation von Schlüsselstellen 48

Rezeptionsgeschichte 59

Literaturhinweise 63

Anmerkungen 64

Autorin: Corinna Scheurer

Vorwort

Liebe Schülerin, lieber Schüler,

diese Interpretationshilfe zu Bertolt Brechts Drama *Leben des Galilei* ermöglicht Ihnen eine gezielte Vorbereitung auf die Unterrichtslektüre und auf Klausuren. Nicht im Sinne eines vorgeformten Schlüssels, mit dessen Hilfe sich die Bedeutung des Werkes von selbst erschließt, sondern als unterstützende Anregung eigenen Denkens und literarischen Empfindens versteht sich dieser Band.

Zunächst werden Ihnen Informationen zum **biografischen Hintergrund** sowie zu der **Entstehungsgeschichte** des Stückes geliefert. Die sich anschließende **Inhaltsangabe** hilft beim Auffrischen der Handlungszusammenhänge und dient einer schnelleren Orientierung im Text.

Im Hauptteil folgen ausführliche Untersuchungen zur **Text- und Motivstruktur** des Dramas sowie zur **literarischen Form des epischen Theaters**, zur **Sprache** und zur **Charakterisierung der zentralen Figuren**. In der **Interpretation von Schlüsselstellen** wird exemplarisch vorgeführt, wie bei einer intensiv mit dem literarischen Text arbeitenden Deutung vorgegangen wird und zu welchen Ergebnissen man dabei gelangen kann.

Abschließend erhalten Sie einen Überblick über die **Rezeptionsgeschichte** und **Literaturhinweise**, die zur weiterführenden Beschäftigung mit dem Drama anregen.

Corinna Scheurer

Einführung

Das 1956 in seiner letzten Fassung erschienene Drama *Leben des Galilei* gilt als Höhepunkt des politischen Lehrtheaters Bertolt Brechts. Sein unangefochtener Platz im Deutschunterricht der gymnasialen Oberstufe kommt dem Text hauptsächlich aus zweierlei Gründen zu. Einerseits bietet die Lektüre des *Galilei* Schülern und Schülerinnen die Möglichkeit, die ebenso bedeutende wie einflussreiche Konzeption des **epischen Theaters** kennen zu lernen und deren Umsetzung auf der Bühne mit zu verfolgen. Andererseits eröffnet die Auseinandersetzung mit Brechts dichterischer Gestaltung des Lebens Galileo Galileis Einblick in die **Entstehung der modernen experimentellen Naturwissenschaften** sowie deren **problematische Entwicklungsgeschichte.**

Galilei demonstriert vor dem Senat zu Venedig sein der holländischen Erfindung nachgebautes Fernrohr

Zentrales Thema des Stückes ist Galileis Versuch, der kopernikanischen Lehre von der Drehung der Erde um die Sonne durch überprüfbare Beweise zum Durchbruch zu verhelfen. Die kirchliche Obrigkeit jedoch verdammt die Erkenntnisse des Gelehrten als Gotteslästerei und verteidigt das in der Bibel verankerte Weltbild des Ptolemäus (Mittelpunktstellung der Erde, die von der Sonne umkreist wird).

1917 hat Sigmund Freud in seinen Vorlesungen zur Einführung in die Psychoanalyse die Lehre vom Weltbild des Kopernikus neben der Darwin'schen Evolutionstheorie und der Entdeckung des Unbewussten durch die Psychoanalyse als **eine der drei Kränkungen der Menschheit** bezeichnet: Als Kränkung wird hier eine Krisenerfahrung der Menschen verstanden, innerhalb derer Größenvorstellungen von der Einzigartigkeit des Menschen und seiner Fähigkeit brüchig werden. „Zwei große Kränkungen ihrer naiven Eigenliebe hat die Menschheit im Laufe der Zeiten von der Wissenschaft erdulden müssen. Die erste, als sie erfuhr, daß unsere Erde nicht der Mittelpunkt des Weltalls ist, sondern ein winziges Teilchen eines in seiner Größe kaum vorstellbaren Weltsystems. Sie knüpft sich für uns an den Namen Kopernikus […]. Die zweite dann, als die biologische Forschung das angebliche Schöpfungsvorrecht des Menschen zunichte machte, ihn auf die Abstammung aus dem Tierreich und die Unvertilgbarkeit seiner animalischen Natur verwies. Diese Umwertung hat sich in unseren Tagen unter dem Einfluß von Ch. Darwin, Wallace und ihren Vorgängern nicht ohne das heftigste Sträuben der Zeitgenossen vollzogen. Die dritte und empfindlichste Kränkung aber soll die menschliche Größensucht durch die heutige psychologische Forschung erfahren, welche dem Ich nachweisen will, daß es nicht einmal Herr ist im eigenen Hause, sondern auf kärgliche Nachrichten angewiesen bleibt von dem, was unbewußt in seinem Seelenleben vorgeht."[1]

Das Drama thematisiert somit einen entscheidenden **Wendepunkt in der Menschheitsgeschichte der frühen Neuzeit,** in der sich der Mensch nach und nach aus den Fesseln verfestigter Autoritäten befreit und seine Stellung in der Welt neu bestimmt.

Dass der Autor die Dramenhandlung im Italien des frühen 17. Jahrhunderts ansiedelt, mag zunächst vielleicht Bedenken hinsichtlich der **Aktualität des Stückes** hervorrufen. Brechts Perspektive bei der Bearbeitung des Stoffes stellt jedoch einen Bezug zu heutigen Leserinnen und Lesern her. Sie werden angeregt, die am Fall Galilei aufgeworfenen Fragen nach der sozialen Verantwortlichkeit des Wissenschaftlers für die Gegenwart zu überdenken.

In einer Zeit wie der unsrigen, in der, anders als in der Renaissance, wissenschaftliche Forschung nicht länger zwangsläufig mit gesellschaftlichem Fortschritt gleichgesetzt werden kann, sondern vielmehr in Form von Rüstungs-, Atom- und Gentechnologie **menschheitsbedrohende Ausmaße** angenommen hat, stellt sich die brisante Frage: Welche Rolle spielen die Wissenschaften in unserer heutigen Gesellschaft?

Galilei hängt noch einem fortschrittsoptimistischen Wissenschaftsverständnis an, das die zunehmende Beherrschung der Natur durch den Menschen als Garanten sozialen Fortschritts betrachtet. Wir werden hingegen heute verstärkt auch mit den **Schattenseiten technischer Errungenschaften** sowie mit der Notwendigkeit konfrontiert, die von der Menschheit bedrohte Umwelt vor weiterer Zerstörung zu bewahren.

Ist Brechts vernunftgläubiger Appell an die moralische Verantwortung des Wissenschaftlers für seine Forschungsergebnisse heute in dieser Weise noch angemessen? In unserer komplexen modernen Welt hat sich das Problem vielmehr dahingehend verschoben, wie die **Verantwortlichkeit des Einzelnen** in dem unüberschaubar gewordenen **Netz von Machtstrukturen und Einflusssphären** umrissen werden kann. Hierbei gilt es, eine

Balance zu finden, die das Individuum weder zum Alleinverantwortlichen für die Menschheitsentwicklung überhöht noch es im Umkehrschluss von jeglicher Verantwortung frei spricht.

Eine kritische Auseinandersetzung mit Brechts *Galilei* kann somit dazu beitragen, eine reflektierte eigene Haltung bezüglich der Frage nach der **Ethik der Wissenschaften in der Moderne** zu entwickeln.

Biografie und Entstehungsgeschichte

1 Biografischer Hintergrund

Bertolt Brecht wird am 10. 2. 1898 in Augsburg geboren. Als Sohn des Direktors einer Papierfabrik wächst er in großbürgerlichem Milieu auf, von dem er sich weltanschaulich bereits in jungen Jahren distanziert und das er später in seinem literarischen Werk noch radikal bekämpfen wird.

Ab 1908 besucht er das Gymnasium in Augsburg. Nach dem Notabitur 1917 studiert er in München Medizin und verfasst dort seine ersten Texte und Theaterstücke.

Einflussreich für sein Leben und Schaffen als Literaturtheoretiker, Lyriker, Dramatiker und Dramaturg wird die Hinwendung zum Marxismus, die seinem Werk eine politische Stoßrichtung verleiht. Brecht bezieht sich auf die Lehren von Karl Marx. Für ihn ist die Menschheitsgeschichte gekennzeichnet von Herrschaftsstrukturen, deren Grundursache in der gesellschaftlichen Organisation von Arbeit und Besitz besteht. Die kapitalistischen Produktionsverhältnisse der bürgerlichen Gesellschaft brandmarkt Brecht als Ausbeutungssystem, in dem sich die Mehrheit der arbeitenden Bevölkerung in ökonomischer Abhängigkeit von einer Minderheit an Besitzenden befindet. Da er den Menschen aber prinzipiell für erkenntnisfähig hält, begreift er seine Kunst als Beitrag zu einer revolutionären Weltveränderung.

Mit seinem 1922 in München uraufgeführten Stück *Trommeln in der Nacht* macht sich Brecht einen Namen als Dramatiker von Rang; im gleichen Jahr verleiht man ihm den Kleistpreis. Zwei Jahre später wird er als Dramaturg an das Deutsche Theater in Berlin geholt. In dieser Zeit beginnt Brechts intensive Auseinandersetzung mit dem Marxismus, was sich in seinem Werk sowohl **formal** als auch **thematisch** niederschlägt: In der Folgezeit entstehen **Lehrstücke,** in denen die Hoffnung auf die gesellschaftsverändernde Kraft der **Arbeiterklasse** ins Zentrum gerückt wird.

Nach der Machtübernahme Hitlers flieht Brecht aus Deutschland für kurze Zeit nach Prag, Wien und Zürich; schließlich lässt er sich bis zum Ausbruch des Zweiten Weltkriegs 1939 in Dänemark nieder. Dort entsteht die erste Fassung des Dramas *Das Leben des Galilei.* Als die deutschen Truppen in Dänemark einmarschieren, muss Brecht erneut das Land verlassen und sucht Zuflucht in den USA. In der Exilzeit entstehen zahlreiche Dramen wie *Mutter Courage und ihre Kinder* (1941) sowie *Der gute Mensch von Sezuan* (1943), die Brechts Weltruhm begründen. Nahezu zeitgleich arbeitet der Autor die dramentheoretischen Schriften *Der Messingskauf* und *Kleines Organon für das Theater* aus, in denen er unter anderem seine Konzeption des epischen Theaters entwickelt.

Obwohl Brecht nie Mitglied der kommunistischen Partei geworden ist, gerät er nach Kriegsende vor dem Hintergrund des sich verschärfenden Ost-West-Konflikts in den USA unter den Verdacht kommunistischer Betätigung. Brecht kommt einer Ausweisung zuvor und kehrt nach einem Aufenthalt in der Schweiz definitiv nach Ostberlin zurück. Dort gründet er 1949 gemeinsam mit seiner Ehefrau Helene Weigel das berühmte „Berliner Ensemble“, das nach einem Gastspielrecht im Deutschen Theater 1954 in das Theater am Schiffbauerdamm umzieht.

Als Brecht sich anlässlich des Arbeiteraufstands vom 17. Juni 1953 in der DDR linientreu im Sinne des herrschenden SED-Regimes äußert, wird der Autor im Westen mit einem Theaterboykott sanktioniert. Erst im Jahre 1955 wird das Aufführungsverbot mit der Premiere des *Galilei* in Köln aufgehoben.

Am 14. 8. 1956 stirbt Brecht nach längerer Krankheit in Ostberlin.

Brecht, dessen Werk wohl wie kaum ein anderes überschwengliches Lob und vernichtende Kritik zugleich auf sich zog, nimmt einen festen Platz im Kanon der deutschen Gegenwartsliteratur ein. Mittlerweile gehören seine Texte zum Bestandteil der Schullektüre und der Schauspielrepertoires. Kritiker meinen, Brechts auf gesellschaftliche Veränderung zielende Wirkungsabsicht werde gelähmt durch die ästhetische Erbauung an seinen Kunstwerken, das heißt für den Zuschauer/Leser sei die künstlerische Qualität der gesellschaftlichen Bedeutung seiner Stücke übergeordnet.

Sein letztes Vermächtnis kennzeichnet seine Wirkungsabsicht aber sehr deutlich: „Schreiben Sie, dass ich unbequem war und es auch nach meinem Tod zu sein gedenke. Es gibt auch dann noch gewisse Möglichkeiten."

2 Entstehungsgeschichte

Das uns heute vorliegende Drama *Leben des Galilei* ist die dritte und letzte Version eines Stückes, das Brecht ursprünglich 1938 / 39 in Dänemark verfasste. Bis zu seiner endgültigen Fassung im Jahre 1955/56 wurde es von Brecht unter dem Einfluss aktueller politischer Ereignisse in einigen Passagen entscheidend überarbeitet.

Die **erste Fassung, dänische Fassung** genannt, schloss der Autor im dänischen Exil vor dem Hintergrund der Machtübernahme durch die Nationalsozialisten ab. Das Stück wurde von der zentralen Frage beherrscht, welche Verantwortung den Verfechtern geistiger und gesellschaftlicher Erneuerungen in einem Unrechtsregime zukommt, das Menschenrechte mit Füßen tritt. Galilei wurde, wenn auch nicht ohne kritischen Beiton, als Identifikationsfigur der widerständigen Intellektuellen unter faschistischer Herrschaft konzipiert. Strategisch geschickt verbreitet er die Wahrheit, ohne dabei das eigene Leben aufs Spiel zu setzen.

Als der Gang der Kriegsereignisse im August 1945 in die Zündung der Atombomben über Hiroshima und Nagasaki mündete, bewog Brecht das ungeahnte Ausmaß der Zerstörung zu einer **Umgestaltung der Galilei-Figur.** Der Autor verlieh dem Physiker nun weitaus kritischere Züge. Brecht befand sich zu diesem Zeitpunkt mitten in seinen Arbeiten an einer **amerikanischen Fassung, der zweiten Version** des Stückes. Infolge der traumatischen Erkenntnis bezüglich des globalen Vernichtungspotenzials moderner Atomwaffen konzipierte er Galilei nun als Repräsentanten jener Wissenschaftlergeneration, die in unverantwortlicher Weise Wissen verfügbar machte, das die menschliche Existenz bedroht. Die Biografie des Begründers der neuen Physik stellte sich für Brecht angesichts der grauenvollen Zerstörung nach Abwurf der Atombombe in einem neuen Licht dar.

Die im kalifornischen Exil 1945/46 entstandene zweite Version des Galilei-Stückes, die sich von der **Berliner Endfassung, also der dritten Version,** nur unwesentlich unterscheidet, akzentuiert Galileis Widerruf nicht als taktisches Manöver, sondern als sozialen Verrat, da der Naturwissenschaftler, anstatt seine Erkenntnisse in den Dienst der Menschheit zu stellen, sie den Herrschenden zum freien Gebrauch überlässt. Brecht machte nun den Aspekt der sozialen Verantwortlichkeit des Wissenschaftlers zum Kernproblem des Stückes, da er die Atombombe als Endprodukt von Galileis wissenschaftlicher Leistung und seinem sozialen Versagen begreift.

Die Änderungen betreffen vor allem die **14. Szene,** die der Frage nach der moralischen Ehrbarkeit Galileis in Anbetracht seines Widerrufs gewidmet ist. In der **dänischen Fassung** wird Galilei als Gefangener der Inquisition von seiner Tochter, einem Beamten und einem Arzt überwacht und in seinem wissenschaftlichen Arbeiten streng kontrolliert. Ein Hafner verschafft sich unter dem Vorwand einer Kaminreparatur Eintritt im Hause Galileis und heckt mit diesem einen verschwörerischen Plan aus, wie die naturwissenschaftlichen Werke über die Grenze gebracht und der Öffentlichkeit zugänglich gemacht werden können. Die beiden Männer werden als mutige Freiheitskämpfer dargestellt, die ihre geeinten Kräfte einem ehrbaren Projekt, der Verbreitung der Wahrheit in einem Unterdrückungsregime, weihen. Ihre intelligente List verlangt den Zuschauern Bewunderung ab.

In der **zweiten und dritten Fassung** hingegen fehlt diese konspirative Unterredung; die Figur des Hafners entfällt und somit verliert auch Galilei die Konturen eines Verfechters der Wahrheit. Auf Andrea Sartis Entlastungsangebot, seinen Widerruf (der aus Angst vor körperlichem Schmerz erfolgt) in eine besonders trickreiche Variante politischen Kalküls umzudeuten, da er doch seine Forschertätigkeit dauerhaft habe sichern wollen, reagiert er ablehnend. Seine Tat wird als sozialer Verrat präsentiert, für den es keinerlei Rechtfertigung gibt. Allerdings wird das Vergehen vor dem Hintergrund von Galileis schonungsloser Selbstanklage in seinem Ausmaß geschmälert. Dass Brecht die **Pestszene,** in der Galilei unter Einsatz seines Lebens die Entscheidung für einen Verbleib in Florenz trifft, der Berliner Fassung wieder hinzufügte, nachdem er sie in der amerikanischen Version gestrichen hatte, trägt darüber hinaus zur Relativierung von Galileis moralischer Schuld bei.

Inhaltsangabe

1. Bild

Schauplatz der Handlung ist das Studierzimmer des naturwissenschaftlichen Gelehrten Galileo Galilei. Hier erläutert Galilei Andrea, dem zehnjährigen Jungen seiner Haushälterin Frau Sarti, zunächst das geozentrische Weltbild des Ptolemäus anhand eines Modells. Galileis Ausführungen erschöpfen sich jedoch nicht allein darin, seinem Schüler die Mittelpunktstellung der Erde zu verdeutlichen, die ihr in diesem kosmischen Weltbild zugewiesen wird, sondern er analysiert darüber hinaus die sozialen Bedeutungen dieses der alten Zeit zugehörigen Welterklärungsmodells. Die alte Zeit beschreibt der Lehrer als geprägt von geistiger und sozialer Unbeweglichkeit sowie von bereits an Aberglauben grenzender Gläubigkeit der Menschen. Laut Galilei ist nun aber mit der Lehre des Kopernikus, mit dem auf die Sonne als Mittelpunkt bezogenen heliozentrischen Weltbild, eine neue Zeit angebrochen, die einen begrüßenswerten gesellschaftlichen Wandel verheißt. Obwohl der Wissenschaftler diese Entwicklung euphorisch begrüßt, bittet er Andrea um Stillschweigen, solange diese Hypothesen noch nicht öffentlich bewiesen sind. Er weiß ja um die Gefahr der Inquisition, der sich kritische Forscher, die der klerikalen Ordnung nicht genehm sind, ausgesetzt sehen.

Nikolaus Kopernikus (1473–1543), Astronom und Domherr in Thorn

Frau Sarti erinnert Galilei an seine finanziellen Probleme und wirkt auf ihn ein, den adligen Ludovico zu unterrichten, der ihm von einer kürzlich in Holland gemachten Erfindung des Fernrohrs berichtet.

In einer Unterredung mit dem Kurator der Universität Padua scheitert der Mathematikprofessor mit seinem Gesuch um eine Gehaltsaufbesserung. Dies zwing ihn auch weiterhin dazu, zusätzliche Zeit in die Unterrichtung von Privatschülern zu investieren und seine Forschungen zu vernachlässigen. Immerhin jedoch garantiert ihm die Republik Venedig die Freiheit seiner wissenschaftlichen Tätigkeit, da sie ihn im Zweifelsfalle nicht der Inquisition ausliefern würde.

Unzufrieden mit seiner finanziellen Lebenssituation, deutet Galilei Andrea gegenüber sein Vorhaben an, die holländische Erfindung des Fernrohrs zu Geld zu machen.

2. Bild

Im großen Arsenal von Venedig gibt Galilei ein den Beschreibungen Ludovicos nachgebautes Fernrohr als seine ureigene, aus siebzehnjähriger Forschertätigkeit hervorgegangene Erfindung aus. Gleichzeitig bezeichnet er sich als „den höchsten wissenschaftlichen und christlichen Grundsätzen" verpflichteter Diener der venezianischen Republik. Dank dieses Täuschungsmanövers gelingt es dem Universitätsprofessor, die kurz zuvor abgelehnte Bitte um eine Gehaltserhöhung rückgängig zu machen und eine Erhöhung um 500 Skudi zu erwirken.

Während sich der Kurator voller Vorfreude in dem durch die Erfindung des Fernrohrs verliehenen Ruhm Venedigs sonnt, distanziert sich Galilei innerlich von diesem „Karneval" und rechtfertigt sich vor Sagredo, seinem Freund, mit der Begründung, das auf den Mond gerichtete Gerät könne die kopernikanische Lehre nachweisen.

Der mit Virginia, Galileis Tochter, befreundete Ludovico durchschaut Galileis Inszenierung und kommentiert dessen Arbeitsethos mit dem bitteren Hinweis, nun endlich etwas von Wissenschaft verstanden zu haben.

3. Bild

Die von Galileo und Sagredo mittels des Fernrohrs gemachten Beobachtungen der Gestirne führen zu bahnbrechenden neuen Erkenntnissen.

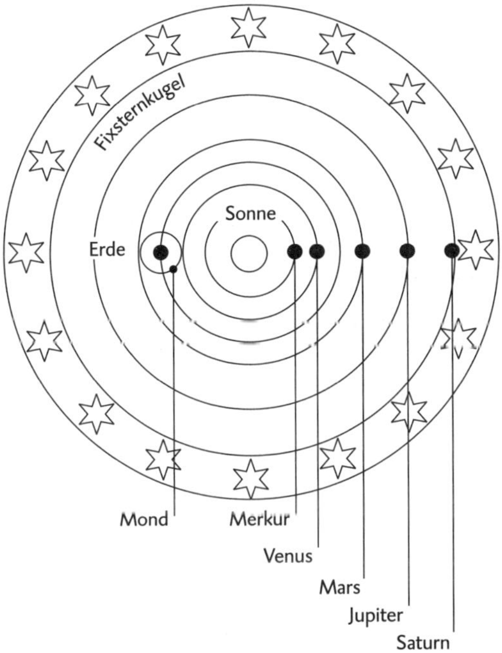

Heliozentrisches Weltbild

Galilei erklärt dem Freund, dass Erde und Mond beide von der Sonne angeleuchtet werden und infolgedessen kein Unterschied zwischen diesen beiden Gestirnen bestehe. Sagredos vorausschauenden Verweisen auf die gefährlichen Konsequenzen dieser Entdeckung begegnet der Wissenschaftler mit tauben Ohren. So tut er Sagredos Hinweis auf den Fall Giordano Brunos, der wegen eben dieser Behauptungen vor zehn Jahren in Rom verbrannt wurde, leichtfertig ab und beschwört sein Vertrauen in die menschliche Vernunft und den Willen zum Wissen. Berauscht von den Entdeckungen, beschließt Galilei, sich als Hofmathematiker beim Großherzog von Florenz zu verdingen, um einerseits sein finanzielles Auskommen zu sichern und andererseits seine Beweisführung der kopernikanischen Lehre weiter vorantreiben zu können. Sagredos Warnungen vor diesem Vorhaben aufgrund des klerikalen Umfeldes am Hof, das sich der Vorstellung von einer kosmischen Weltordnung, in der dem Göttlichen kein zentraler Platz zukomme, dauerhaft verschließen wird, bleiben ungehört.

4. Bild

Nachdem Galilei sich wie beabsichtigt am Florentiner Hof etabliert hat, empfängt er im Beisein des Linsenschleifers Federzoni die dortige Gelehrtenwelt, um diese in seine neuen Erkenntnisse einzuweihen. Entgegen seiner Absicht, die Besucher mittels eines Blicks durch das Fernrohr von der Beweiskraft der Tatsachen zu überzeugen, insistieren allen voran der Philosoph und der Mathematiker auf dem Glauben an die Autorität der aristotelischen Weltordnung. Nicht ob die Mediceischen Gestirne (die von ihm entdeckten Jupitermonde) möglich, sondern ob sie nötig sind, interessiert den Philosophen, der den Fortbestand von „Ordnung und Schönheit“ in dem kosmischen Weltbild des göttlichen Aristoteles gewahrt wissen will. Galileis Überredungskünste, seine Versuche, in den Hofgelehrten den Drang nach Erkenntnis zu nähren, bleiben erfolglos; die Galilei’sche Beweisführung wird ignoriert. Die Herren verabschieden sich mit dem Versprechen, die Meinung Pater Clavius’, des Hauptastronomen am Päpstlichen Collegium in Rom, einzuholen.

5. Bild

Während die Bewohner der Stadt Florenz angesichts der lebensbedrohenden Pestepidemie nach und nach die Stadt verlassen, entschließt sich Galilei seiner Arbeit zuliebe zum Bleiben.

Er sorgt dafür, dass seine Tochter Virginia, Andrea sowie Frau Sarti abreisen, jedoch weigern diese sich, den Wissenschaftler schutzlos alleine zurückzulassen. Während Virginia und Andrea unter Anwendung von Zwang von einem Wagen weggebracht werden, opfert sich die Haushälterin für Galilei auf. Sie kümmert sich weiterhin um den Gelehrten, erkrankt jedoch kurz darauf schwer. Andrea ist unterwegs aus dem fahrenden Wagen gesprungen, kehrt zu seinem Lehrer zurück und steht ihm als Einziger bei seinen Forschungen zur Seite.

6. Bild

Im Collegium Romanum, dem Forschungsinstitut des Vatikans, macht sich eine Gruppe Geistlicher über Galileis Behauptung, die Erde drehe sich um die Sonne, lustig.

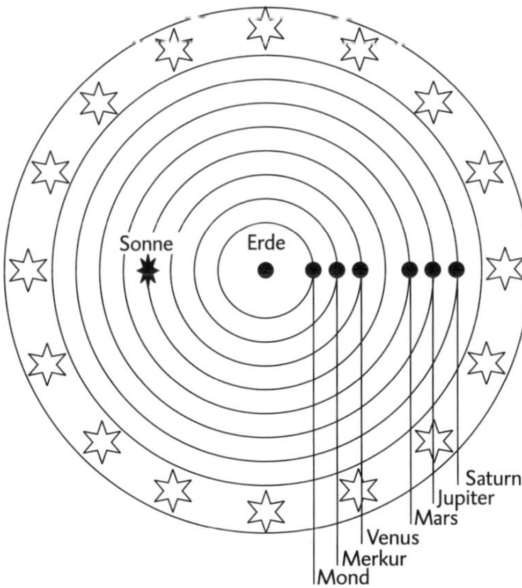

Geozentrisches Weltbild

Während der Wissenschaftler das abwertende Gerede kommentarlos verfolgt, überprüft Clavius im Nebenzimmer die Forschungsthesen Galileis. Der alte Kardinal, Wortführer der Mönche, beschuldigt Galilei der Gotteslästerei, da er die Unterschiede zwischen dem ewigen Himmel und der vergänglichen Erde verwische. Den Menschen, die Krone der Schöpfung, verdränge er aus dem Mittelpunkt des Weltalls an eine unbedeutende Randlage. Die Sichtweise Galileis bedeutet für den Kleriker eine ungeheuerliche persönliche Kränkung, da sie mit der Vorstellung vom Menschen als Ebenbild Gottes bricht.

Clavius hingegen bestätigt Galileis Forschungsmeinung, was diesen dazu veranlasst, von einem Triumph der Vernunft auszugehen.

7. Bild

In Begleitung Virginias und deren Verlobten Ludovico ist Galilei Gast des Klerikers Bellarmin in Rom. Der Wissenschaftler lässt sich von den Kardinälen Barberini und Bellarmin zum Disput über seine astronomischen Forschungen provozieren. Die beiden Geistlichen werfen Galilei ketzerisches Handeln vor und stützen sich auf Bibelzitate, die den Menschen auf eine Zügelung der Vernunft und des Wissens verpflichten. Galilei indessen verweist auf seine Gläubigkeit und kontert mit ebenfalls der Heiligen Schrift entnommenen Versen, in denen die geistige Stärke und Furchtlosigkeit des Menschen gerühmt werden. Bellarmin bezichtigt Galilei der falschen Bibelauslegung und ermahnt ihn, seine Lehrmeinung aufzugeben, da das Heilige Offizium beschlossen habe, die Lehre des Kopernikus als Gotteslästerung zu verurteilen.

8. Bild

Im Palast des florentinischen Gesandten in Rom wird Galilei von dem Mönch Fulganzio, der ebenfalls Mathematiker ist, um eine

Unterredung gebeten. Der Geistliche berichtet von seinem inneren Aufruhr angesichts der Unvereinbarkeit zwischen der wissenschaftlichen Überzeugungskraft der kopernikanischen Lehre einerseits und dem vom Heiligen Offizium erteilten Verbot per Dekret andererseits. Um seinen Seelenfrieden wiederzuerlangen, beschließt er, der Astronomie zu entsagen, und teilt Galilei seine Beweggründe mit: Da das Elend für die Armen auf der Welt nur deshalb erträglich sei, weil diese sich als Teil einer von Gott gewollten und geschaffenen Ordnung begreifen, dürfe man ihnen die Vorstellung von der Sinnhaftigkeit ihres jämmerlichen Daseins nicht nehmen. Die Lehre des Kopernikus jedoch, die die Erde als einen Stern unter vielen bestimme und den Menschen aus seiner zentralen Stellung verbanne, entzöge diesen Menschen jeglichen Lebenswillen. Galileis scharfsichtige Replik vermag Fulganzio jedoch schnell zu überzeugen, dass die Lehre von der Mittelpunktstellung der Erde allein dem päpstlichen Streben nach Machterhalt geschuldet ist. Der Wissenschaftler pocht auf Werte wie Wahrheit, Vernunft und Aufklärung, um die „göttliche Geduld“ der Untergebenen in „göttliche[n] Zorn“ angesichts der elenden Lebensbedingungen umzuwandeln.

9. Bild

Im Haus von Galilei in Florenz haben sich dessen Schüler Federzoni, Fulganzio und Andrea Sarti zu einer experimentellen Vorlesung über die aristotelische Lehre der schwimmenden Körper versammelt. Seit acht Jahren schon bewahrt der Wissenschaftler Stillschweigen über seine astronomischen Erkenntnisse. Die Entschuldigung des Gelehrten Mucius für die Verdammung der kopernikanischen Lehre in seinem Buch weist Galilei zurück, und er beschimpft den ehemaligen Schüler als Verbrecher.

Galilei ist seinem Interesse für die astronomische Forschung treu geblieben. Als Ludovico berichtet, dass der Papst im Sterben liege und der Mathematiker Barberini dessen Nachfolge antrete, schöpft Galilei erneut Hoffnung auf die Freiheit der Forschung. Frau Sarti dagegen ergreift Partei für Virginias persönliches Glück; sie wirft Galilei egoistisches Verhalten vor, denn niemals werde der adlige Ludovico die Tochter eines Gelehrten ehelichen, der die Stellung der Obrigkeit bedroht.

10. Bild

Während der Fastnachtsumzüge im Jahr 1632 werden in vielen Darbietungen Galileis neue Ideen aufgegriffen. Ein Balladensänger verweist auf die gesellschaftlichen Folgen der Galilei'schen Lehre, die durch die Korrektur der verbreiteten Annahme, dass sich die Sonne um die Erde drehe, nun auch die sozialen Hierarchien infrage stellt. Von dem vielfach wiederholten Vers „Wer wär nicht auch mal gern sein eigner Herr und Meister?“ geht eine Wirkung aus, die die Menge geradezu aufpeitscht.

11. Bild

Galilei begibt sich in Begleitung von Virginia nach Florenz in den Palast der Medici, um dem Großherzog sein neues Buch, die Dialoge über die beiden größten Weltsysteme, zukommen zu lassen. Bevor der Wissenschaftler vorgelassen wird, teilt ihm der Eisengießer Vanni vertraulich mit, dass man ihn für gegen die Bibel verfasste Pamphlete verantwortlich mache. Zugleich versichert er Galilei im Namen der Manufaktur und der oberitalienischen Städte seine Unterstützung und bietet ihm

Titelseite des *Dialogo*, Lateinische Ausgabe 1699, mit Aristoteles, Ptolemäus und Kopernikus

eine Fluchtmöglichkeit nach Venedig an, doch Galilei lehnt ab. Gegenüber Virginia äußert er sich empört darüber, für die sozialen Folgen seiner Forschungen haftbar gemacht zu werden, und distanziert sich von jeder politischen Parteinahme. Als der Großherzog die Annahme des neuen Buches verweigert, weiß Galilei, dass die Zeit zur Flucht gekommen ist. Seine vorab getroffenen Vorkehrungen nutzen ihm jedoch nichts mehr, der florentinische Hof entzieht Galilei seinen Schutz und liefert ihn zum Verhör der Heiligen Inquisition in Rom aus.

12. Bild

In einer Unterredung mit Papst Urban VIII. versucht der Kardinal Inquisitor, ihn gegen Galilei und dessen astronomische Lehren aufzuhetzen. Während Barberini, selbst ein Mann der Wissenschaft, sich anfänglich noch gegen die Verhaftung sträubt, können des Inquisitors drastische Schilderungen von den angeblich ketzerischen und die Volksmassen aufwiegelnden Theorien Galileis diesen letztendlich doch von der Notwendigkeit einer Verurteilung überzeugen. Der Wissenschaftler soll unter Androhung von Foltermaßnahmen zum Schweigen gebracht werden.

13. Bild

Im Palast des florentinischen Gesandten in Rom haben sich Fulganzio, Federzoni und Andrea eingefunden, um gemeinsam die Reaktion des Lehrers auf die Widerruf-Forderung der Kirche abzuwarten. Die Schüler Galileis sind von der Überzeugung und Hoffnung getragen, dass er der Gewalt trotzt und im Namen von Wahrheit und Vernunft Widerstand leistet. Sie müssen jedoch erfahren, dass der Wissenschaftler angesichts der körperlichen Bedrohung den eigenen Lehren abschwört, und begegnen ihm bei seiner Rückkehr bitter enttäuscht. Galilei relativiert seinen Verrat, indem er die ihm von Andrea angetragene Heldenrolle mit „unglücklich das Land, das Helden nötig hat" zurückweist.

14. Bild

Galileo lebt als Gefangener der Inquisition mit Virginia in einem Landhaus nahe Florenz, wo es ihm in begrenztem Rahmen und unter kirchlicher Kontrolle erlaubt ist, weiterhin zu forschen. Der mittlerweile vierzigjährige Andrea Sarti besucht seinen ehemaligen Lehrer und berichtet ihm vorwurfsvoll von den weltweit verheerenden Folgen des Widerrufs für die Entwicklungen in Wissenschaft und Gesellschaft. Als Galilei ihm von der Fertigstellung der *Discorsi,* den „Gespräche[n], betreffend zwei neue Wissenszweige: Mechanik und Fallgesetze", unterrichtet und ihm auf Nachfragen eine geheim angefertigte Abschrift aushändigt, reagiert Andrea reuevoll. Hatte er den Lehrer zuvor als feigen Versager beschimpft, idealisiert er ihn nun zum hellsichtigen, moralisch unfehlbaren Kämpfer für die Wahrheit. Galilei jedoch sträubt sich gegen dieses Entlastungsangebot und bezichtigt sich selbst eines mangelnden Wissenschaftsethos. Er klagt sich an, durch seinen Widerruf eine einmalige Chance verspielt zu haben. Sein Gelöbnis für eine im Dienste der Humanität forschende Wissenschaft kommt zu spät.

15. Bild

Andrea plant, Italien am nächsten Tag zu verlassen und die *Discorsi* über die Grenze zu schmuggeln, wo ihn eine Reisekutsche erwartet. Sein Gepäck wird von Grenzbeamten auf religionsfeindliche Schriften überprüft, jedoch werden die Beamten mangels Bildung nicht fündig, denn sie halten Galileis Lehre für ein Werk von Aristoteles. Sarti kann die Grenze ungehindert passieren und der Welt die in den *Discorsi* niedergelegten Erkenntnisse Galileo Galileis zukommen lassen.

Textanalyse und Interpretation

1 Aufbau und Textstruktur

Anders als beim aristotelischen Drama unterteilt Brecht sein Stück nicht in die üblichen fünf Akte, denen einzelne Szenen zugeordnet sind. Es gibt keine Einheit von Ort, Zeit oder Handlung. *Leben des Galilei* besteht vielmehr aus **15 Bildern, deren räumlicher und zeitlicher Zusammenhalt vergleichsweise locker gestaltet** ist: In aller Regel ist der Übergang zu einem neuen Bild an einen Schauplatzwechsel gekoppelt und auch eine direkte chronologische Anknüpfung an das jeweils vorausgegangene Geschehen besteht nicht. Betrachtet man beispielsweise den Beginn des 14. Bildes – Galilei empfängt im Jahre 1642 als Gefangener der Inquisition den Besucher Andrea Sarti –, so liegt der im 13. Bild geschilderte Widerruf des Gelehrten in Rom bereits neun Jahre zurück und Galilei hat zudem einen Ortswechsel in ein Landhaus bei Florenz vollzogen. Die Raum- und Zeitstruktur des Stückes unterbricht den Handlungsfluss und trägt somit dazu bei, der Illusion des Publikums von der Zwangsläufigkeit geschichtlicher Ereignisse entgegenzuwirken.

Die den einzelnen Bildern übergeordneten Titel haben vorwiegend informative Funktion und gewährleisten den Zusammenhang zwischen den einzelnen Bildern. Sie verweisen zum einen auf die in der Dramenhandlung ausgesparten Ereignisse (vgl. Bildtitel 4 „Galilei hat die Republik Venedig mit dem Florentiner Hof vertauscht“) oder nehmen Kommendes vorweg (vgl. Bildtitel 5 „Uneingeschüchtert auch durch die Pest setzt Galilei seine Forschungen fort.“). Auch die der Dramenhandlung vorangestellten Verse, deren epische Funktion an anderer Stelle ausführlicher erläutert wird (vgl. *Interpretationshilfe*, S. 43), bündeln und kommentieren die Geschehnisse. Der vorinformierte Zuschauer/Leser kann nun seine ganze Aufmerksamkeit auf den Ablauf und die Darstellung der Ereignisse richten.

Dem äußeren Aufbau des Stückes in Form einer losen Reihung von 15 verschiedenen Bildern steht eine **dicht verwobene Textstruktur im Innern des Dramas** gegenüber. Brecht konzipiert die einzelnen Bilder gemäß des **Strukturprinzips von Parallele und Kontrast** und schafft somit zahlreiche wirkungsintensivierende Verweisungszusammenhänge zwischen den Szenen: Während Galilei für die auf einem Betrug beruhende Erfindung des Fernrohrs im 2. Bild als „Gelehrter von Weltruf" gefeiert wird, zwingt ihn die kirchliche Obrigkeit im 13. Bild zum Widerruf. Galileis mühevoll ausgearbeitete Beweisführung des kopernikanischen Weltbildes wird verworfen und er selbst als Ketzer verurteilt. Das „höchst verkaufbare [...] Rohr" wird von den Machthabern als gewinnträchtige Ware gepriesen, jedoch verweigern die Florentiner Hofgelehrten im 4. Bild den Gebrauch des Fernrohrs als Instrument wissenschaftlicher Erkenntnis.

Ähnliche Widersprüche lassen sich an Galileis Wissenschaftsverständnis sowie an seinem Verhalten seinen Mitmenschen gegenüber festmachen. Der Gelehrte leistet im 8. Bild eindrucksvolle Überzeugungsarbeit, wenn er Fulganzio von der Notwendigkeit sozialen Engagements berichtet. Umso enttäuschender ist Galileis eigenes Verhalten, wenn er sich vor Vanni mit den Worten „Was daraus gemacht oder nicht gemacht wird, geht mich nichts an." (S. 104) von den gesellschaftlichen Folgen der Wissenschaft distanziert. Auch Galileis geduldige Unterweisungen seines Zöglings Andrea in der kopernikanischen Lehre stehen im Kontrast zum Umgang mit der eigenen Tochter, wenn er ihr im 3. Bild geäußertes astronomisches Interesse schroff zurückweist.

Der Aufbau des Stückes

Phasen	Bild	Schauplatz und Jahr	Handlung
A Galilei sichert seine Lehre vom kopernikanischen Weltbild durch Beweise ab	1	Padua 1609	Galilei beschwört den Anbruch eines neuen Zeitalters
	2	Venedig	Galilei überreicht der Republik ein Fernrohr
	3	Padua 1610	Galilei beweist mithilfe des Fernrohrs die kopernikanische Lehre
B Galileis mutiger Kampf für die Wahrheit (1. Phase des Konflikts)	4	Florenz	Galilei präsentiert seine Entdeckungen den Gelehrten am Florentiner Hof
	5	Florenz	Galilei setzt trotz der Pest seine Forschungen fort
	6	Rom 1616	Das Collegium Romanum setzt Galileis Lehre auf den Index
	7	Rom 1616	Die Inquisition setzt Galileis Lehre auf den Index
	8	Rom	Gespräch zwischen Galilei und dem kleinen Mönch
C Galileis Kapitulation vor der drohenden Verfolgung (2. Phase des Konflikts)	9	Florenz 1624	Wiederaufnahme der astronomischen Forschungen
	10	1632	Galileis Lehre findet Verbreitung im Volk
	11	Florenz 1633	Auslieferung Galileis an die Inquisition
	12	Rom	Der Inquisitor fordert vom Papst eine Verurteilung von Galileis Lehre
	13	Rom 1633	Widerruf Galileis
D Folgen des Widerrufs/ Galilei zieht Bilanz	14	Arcetri bei Florenz 1633	Galilei als Gefangener der Inquisition
	15	1637	Andrea Sarti bringt Galileis Erkenntnisse über die Grenze

Besonders eindringliche Wirkung entfaltet dieses Gestaltungsprinzip dort, wo Brecht es ins Innere eines Bildes selbst verlagert. In der Widerrufszene (Bild 13) werden zwei historische Möglichkeiten parallelisiert, deren Verhältnis von einem scharfen Kontrast geprägt ist. Als der Glockenschlag von Sankt Markus zur gewohnten Zeit ausbleibt, interpretieren die Freunde des Angeklagten diesen Sachverhalt als Beleg für Galileis Standfestigkeit. Überglücklich umarmen sie sich und rufen die „Geburtsstunde“ der „Zeit des Wissens“ aus. Wenige Minuten später jedoch verkünden die Glocken den Widerruf des Wissenschaftlers und verwandeln die hoffnungsfrohen Erwartungen der Freunde in einen bloßen Wunschtraum. Brecht kontrastiert die faktische Geschichte, Galileis Widerruf, mit ihrem gegenteiligen Verlauf. Für einige wenige Momente wird Galileis Widerstand in den Gedanken der Freunde Wirklichkeit. Der korrigierende Eingriff in die Realität eröffnet den Lesern/ Zuschauern gedanklichen Raum, sich die Folgen dieser nicht genutzten historischen Möglichkeit vorzustellen. Der tatsächliche Verlauf der Ereignisse hingegen wird als Ergebnis einer bewussten Entscheidung Galileis verstehbar, für die er verantwortlich ist.

2 Charakterisierung der Hauptfiguren

Wie im Kapitel Erzähltechnik – epische Elemente im *Galilei* (*vgl. Interpretationshilfe*, S. 42 ff.) dargelegt, werden die Figuren in Brechts Stücken nicht länger wie im bürgerlichen Theater als Einzelpersönlichkeiten, sondern als **repräsentative, gesellschaftlich geprägte Typen** angelegt. Der Autor setzt seine Figuren einem spannungsreichen gesellschaftlichen Kräftefeld aus, in dem die Interessengegensätze zwischen den Vertretern der alten und der neuen Zeit unmittelbar aufeinander prallen. Diese rivalisierenden Kräfte wirken in die Individuen hinein. Das Wechselspiel von Gesellschaftlichem und Individuellem prägt die Personen in ihrem Handeln und Verhalten. Demzufolge zielt eine Charakterisierung nicht darauf, einen vermeintlich „aus einem Guss“ für alle Ewigkeit bestehenden Charakter, sondern den wechselvollen **Sozialcharakter** der Figuren herauszuarbeiten, d. h. den Umgang mit den anderen in den Blickpunkt zu stellen.

Vertreter der **alten Gesellschaftsordnung** sind die Kleriker, die die kirchliche Glaubenslehre als Fundament der politisch-sozialen Ordnung verteidigen, die Florentiner Hofgelehrten, die am geozentrischen Weltbild festhalten, sowie Virginia und ihr Verlobter Ludovico, der die ökonomischen Interessen des Landadels vertritt. Als **Wegbereiter gesellschaftlichen Wandels** können der Eisengießer Vanni, der Linsenschleifer Federzoni, Andrea Sarti, Sagredo sowie selbstverständlich Galileo Galilei und in eingeschränktem Maße auch der kleine Mönch gelten.

Die Personenkonstellation im Galilei

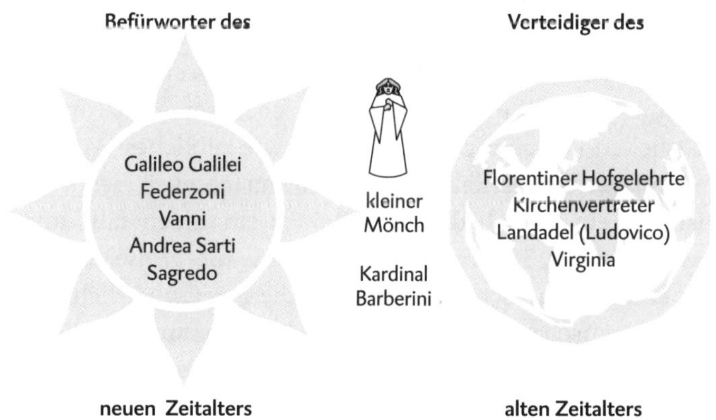

Für die Charakterisierung ausgewählt wurden Personen mit zentraler Bedeutung, an denen das Hineinwirken des konfliktreichen gesellschaftlichen Kräftespiels am deutlichsten erkennbar wird.

Galileo Galilei

Die Gestaltung der dramatischen Hauptfigur des Stückes basiert auf der **historischen Person** Galileo Galilei, dem italienischen Mathematiker, Philosophen und Physiker aus dem 16. Jahrhundert, der als Begründer der modernen Naturwissenschaften gilt. Galilei verfolgte zeit seines Lebens das Forschungsprojekt, mithilfe von Experimenten die Richtigkeit des kopernikanischen Weltbildes zu beweisen. Bei seiner Suche nach Wahrheit ging er rational vor und unterzog die überlieferten Gewissheiten kritischem Zweifel. Diese Herangehensweise machte eine Neuinterpretation der Heiligen Schrift erforderlich, da seine Forschungsergebnisse dem Dogma der Kirche widersprachen.

Galileo Galilei (1564–1642)

Brechts **fiktiver Galilei** ist eine mit einem komplexeCharakter ausgestattete, äußerst zwiespältige Figur, deren widersprüchliche Persönlichkeitsanteile den Bruch in der Gesellschaft spiegelnDie Titelfigur wird als sinnesfroher, genussfreudiger Mensch eingeführtder sich mit großer Leidenschaft seinen naturwissenschaftlichen Forschungen widmet. So wie leibliches Wohlbefinden und geistig-intellektuelle Erkenntnisfähigkeit des Wissenschaftlers einander bedingen („Bei gutem Essen fällt mir am meisten ein." S. 33), so beteuert er auch die große Bedeutung jeder wissenschaftlichen Theorie für die gesellschaftliche Praxis. Galilei durchschaut die gesellschaftlichen Hierarchien, die durch das auf der Kirchenlehre basierende geozentrische Weltbild gefestigt werden. Er sieht zudem auf die sozialen Folgen seiner naturwissenschaftlichen Erkenntnisse, die in die feudalistischen Gesellschaftsstrukturen Bewegung bringen:

Und die Erde rollt fröhlich um die Sonne, und die Fischweiber, Kaufleute, Fürsten und die Kardinäle und sogar der Papst rollen mit ihr. (S. 12)

Diese Hellsicht Galileis ist jedoch mit Naivität gepaart, wenn es um die Einschätzung der Veränderbarkeit dieses gesellschaftlichen Kräftefeldes geht. Er begeht den Fehler, blind auf die menschlichVernunft und die Überzeugungskraft sichtbarer Beweisführung zu vertrauen. Dadurch unterschätzt er die Widerstände von Adel und Klerus und bringt sich in Gefahr.

Auch Galileis anfänglich noch von Fortschrittsoptimismus getragenen wissenschaftlichen Grundsätze werden zusehends brüchig. Als er in die Kritik der klerikalen Obrigkeit gerät, hält er seine früheren Überzeugungen nicht aufrecht. Während er zu Beginn den Nutzen seiner Forschungen betonte („Dazu, daß man es begreift, arbeite ich und kaufe die teuren Bücher." S. 13), weist er zu einem späteren Zeitpunkt, in Bedrängnis geraten, empört jegliche Verantwortung für die sozialen Folgen seiner Erkenntnisse ab. Er plädiert somit für den Typus des „reinen", aus allen gesellschaftlichen Bezügen herausgelösten Wissenschaftlers:

Ich habe ein Buch geschrieben über die Mechanik des Universums. Das ist alles. Was daraus gemacht oder nicht gemacht wird, geht mich nichts an. (S. 104)

Eine ähnliche Kluft tut sich auf zwischen Galileis Haltung im engsten Kreis der Familie und seinen vor der Welt demonstrierte Grundsätzen. Obwohl Galilei angeblich „Zugluft" und „Zweifel", also Umschwung, bringen will in die jahrtausendelang vom „Glauben" zum Stillstand verdammte Welt, womit er sich als gesellschaftlicher Erneuerer darstellt, reproduziert er im privaten Bereich in seiner Rolle als Familienvater traditionelle autoritäre Machtstrukturen. Wiederholt beschimpft er seine Tochter Virginia in grober Weise, indem er ihr jegliche Intelligenz abspricht und sie gezielt aus dem Kreis der Wissenden ausschließt:

Virginia: *Hast du nichts Neues mehr am Himmel gesehen?*

Galilei: *Nichts für dich.* (S. 38)

Galilei betreibt eine Wissenschaft, die den tradierten patriarchalischen Strukturen verpflichtet ist, da sie die Frauen und das Weibliche ausschließt. Er verstößt seine Tochter, indem er die leibliche Bindung zu ihr vernachlässigt. Stattdessen nimmt er Andrea Sarti aufgrund eines verschwörerischen Verbundenheitsgefühls als Sohn und Schüler an und weiht ihn in seine Erkenntnisse ein.

Die Haushälterin Frau Sarti, die sich zu Virginias Anwältin macht und Galilei schwere Versäumnisse hinsichtlich seiner Vaterpflichten vorwirft: „Du hast kein Recht, auf dem Glück deiner Tochter herumzutrampeln mit deinen großen Füßen." (S. 92), bleibt ungehört.

Spannungsreich ist vor allem die Vermengung heldenhafter und verleumderischer Anteile in der Persönlichkeit des Wissenschaftlers. Bereits zu Beginn des Stückes, als Galileis aufklärerischer Anspruch noch ungebrochen scheint, trüben unaufrichtig-strategische Manöver dieses hehre Bild. Er, der sich gegen ein elitäres Wissenschaftsverständnis, also für die Allgemeinverständlichkeit seiner Forschung ausspricht: „Sollten wir nicht in der Umgangssprache fortfahren? Mein Kollege, Herr Federzoni, versteht Latein nicht." (S. 47), der das Wagnis der Pesterkrankung selbstlos auf sich nimmt, um seine Arbeiten voranzutreiben, gibt die in Holland getätigte Erfindung des Fernrohrs zwecks höherer Entlohnung schamlos als seine eigene aus. Zudem bezahlt er die materielle Besserstellung am Florentiner Hof mit dem Verlust des ehemals freien Forschens in der Republik Venedig. Als der von Folter bedrohte Galilei schließlich vor der Inquisition seine Lehren widerruft, wird er für seine Freunde, allen voran den Ziehsohn Andrea Sarti, zum Inbegriff des ehrlosen Verräters. Galilei wiederum relativiert diesen radikalen Vorwurf, indem er die körperliche Unversehrtheit als Grundrecht jeglicher menschlichen Existenz verteidigt und die ihm angetragene Rolle des Opferlammes von sich weist:

> Andrea: *Unglücklich das Land, das keine Helden hat!* [...]
> Galilei: *Nein. Unglücklich das Land, das Helden nötig hat.*
> (S. 115 f.)

In der Konzeption der Galileifigur ruft Brecht zunächst den klassischen Heldenmythos auf, um im Anschluss damit umso eindringlicher zu brechen. Die Aushöhlung der Figur des klassischen Helden führt es mit sich, dass Galilei dem Publikum als schillernde Gestalt entgegentritt; der Zuschauer wird stets neu aufgefordert, die eigene moralische Urteilsbildung zu überdenken.

Virginia

Virginia ist ihrem Vater in hingebungsvoller Liebe zugetan, auch wenn sie Galileis Begeisterung angesichts des sich ankündigenden neuen Zeitalters weder verstehen noch teilen kann. In tiefer Gläubigkeit gefangen, ist die Tochter des Wissenschaftlers gleichzeitig Repräsentantin der alten Gesellschaftsordnung. Ihre uneingeschränkte Unterwerfung unter die kirchliche Lehre sowie ihr Vertrauen in einen Astronomen, dessen Horoskop-Erstellung sie bedingungslos glaubt, machen sie in Galileis Augen zu einer abergläubischen, dummen Person. Galileis Wissensdurst ist ihr gänzlich fremd, die emotionalen Bande an den Vater jedoch wecken in ihr den Wunsch, sich dieser ihr unbekannten Welt anzunähern. Wiederholt unternimmt Virginia Versuche, aus Zuneigung zu Galilei in dessen astrologische Forschungen Einblick zu gewinnen, wird jedoch stets rüde zurückgewiesen: „Es [das Fernrohr] ist kein Spielzeug." (S. 38) Die Anerkennung väterlicher Autorität verbietet es ihr, gegen diese abwertenden Ausgrenzungen aufzubegehren. Auch als Virginias Verlobter, der vermögende Ludovico Marsili, das Bündnis in Anbetracht von Galileis aufrührerischen Forschungen löst, fügt sich die junge Frau stumm in ihr Schicksal.

Da Galilei Virginia jeglichen Zugang zu seiner Wissenssphäre verweigert und zudem ihr persönliches Glück seiner Wissenschaft opfert, treibt er seine Tochter nur noch stärker in die Arme der Kirche. Die Vater-Tochter-Beziehung spiegelt den Riss in der Gesellschaft wider, den selbst familiäre Bande nicht mildern können. Nach dem Widerruf Galileis bietet Virginia der Kirche ihre Dienste als Spitzel gegen den eigenen Vater an. Dieser Rollentausch, bei dem die Tochter den eigenen Vater überwacht, resultiert jedoch keineswegs aus einem verspäteten Rachebedürfnis, vielmehr will Virginia dem Vater in der Gefangenschaft Beistand leisten und ihn zur Anerkennung der kirchlichen Auflagen anhalten, gewissermaßen als Selbstschutz.

Andrea Sarti

Obwohl als vaterloser Sohn einer Haushälterin aus einfachsten sozialen Verhältnissen stammend, reift Andrea Sarti unter dem Einfluss Galileis zu einem begabten Wissenschaftler heran. Die Ausbildung des jungen Sarti wird Galilei schließlich wichtiger als seine eigene Familie. So bleibt Andrea auch in Zeiten der Pestgefahr in Florenz treu an der Seite seines Mentors und glaubt wie kein anderer an die Standfestigkeit des zum Widerruf aufgeforderten Wissenschaftlers, „[d]a er niemals widerruft“ (S. 111).

Andrea liebt jedoch in Galilei eher den außerordentlich wagemutigen Helden ohne Fehl und Tadel als den mit gewöhnlichen menschlichen Schwächen behafteten väterlichen Freund. Dies wird an seiner Reaktion auf Galileis Zurücknahme seiner wissenschaftlichen Erkenntnisse offenkundig. Während die Tochter Virginia inbrünstig hofft, ihr Vater möge um des Überlebens willen widerrufen: „Sie betet, daß er widerrufen möge.“ (S. 112), kennt Andrea keinerlei Sorge um des Wissenschaftlers körperliches Wohlergehen. Nicht um den Menschen Galilei geht es ihm, sondern um dessen Fähigkeit, einem abstrakten Wahrheitsprinzip zum Durchbruch zu verhelfen. Da Galilei dieser

Heldenrolle nicht entspricht, reagiert Andrea mit schweren Vorwürfen und bezichtigt den Wissenschaftler des Verrats. Dass Galileis Aufbegehren gegen die Unmenschlichkeit der Märtyrerhaltung keinerlei Reflexion bei Andrea in Gang gesetzt hat, wird gegen Ende des Stückes deutlich.

Aufführung von *Galileo Galilei* des Berliner Ensembles in Moskau im Juni 1957. Ernst Busch als Galileo und Jochen Schneider als Andrea Sarti

Als der junge Wissenschaftler Jahrzehnte später erfährt, dass Galilei in seiner Gefangenschaft kontinuierlich an den *Discorsi* weitergearbeitet hat, fällt er unterschiedslos in die anfängliche Idolbildung zurück. Dem Extrem der Verwerfung Galileis folgt übergangslos sein Gegenpart, die Idealisierung des Wissenschaftlers zum strategisch geschickten und moralisch unfehlbaren Helden.

Obwohl Andrea Sarti Galileis Forschungsergebnisse jenseits der Grenzen bekannt macht und in gewisser Weise als Hoffnungsträger hinsichtlich einer gesellschaftlichen Erneuerung betrachtet werden kann, löst diese Figur sehr zwiespältige Gefühle beim Leser/Zuschauer aus. Sartis Wissenschaftsverständnis, das davon ausgeht, dass es lediglich „ein Gebot" gebe, „den wissenschaftlichen Beitrag" (S. 126), steht in tiefem Widerspruch zu Galileis Vision im 14. Bild. Während Sarti Wissenschaft nur um der Erkenntnis willen betreibt, entwickelt Galilei das Ideal des moralisch verantwortungsvollen Naturwissenschaftlers, der, analog zum hippokratischen Eid der Ärzteschaft, das Wissen ausschließlich zum Wohle der Menschheit verwerten will.

Der kleine Mönch Fulganzio

Stärker wohl als alle anderen Figuren des Stückes ist der kleine Mönch widerstreitenden gesellschaftlichen Interessen ausgesetzt, die zu einem inneren Zwiespalt führen. Der Riss, der durch die Gesellschaft geht, reicht bis in die Person Fulganzios hinein, gehört er doch zwei unterschiedlichen Welten an. Einerseits ist er als gläubiger Mönch ein in der alten Gesellschaftsordnung verhafteter Repräsentant der Kirche, andererseits kann er als studierter Naturwissenschaftler die Richtigkeit der Galilei'schen Erkenntnisse beurteilen, die sozialen Wandel verheißen. Die Bezeichnung „kleiner Mönch" verweist zudem auf die Uneindeutigkeit seiner sozialen Stellung, denn zwar ist er Teil des politisch tonangebenden Klerus, nichtsdestotrotz jedoch Sohn besitzloser Bauern.

In seiner Rolle als Schnittpunkt zwischen zwei Welten kann Fulganzio als Hoffnungsträger betrachtet werden. Er befreit sich durch Vernunft aus weltanschaulichen Zwängen und beweist somit seine Wandlungsfähigkeit. Dank einer Unterredung mit Galilei (Bild 8) gelingt es dem kleinen Mönch nämlich, hinter die Fassade der klerikalen Obrigkeit zu schauen und deren zynische Korruptheit zu erkennen. Anfänglich verteidigt Fulganzio aus unreflektiertem Mitgefühl mit dem Leid der besitzlosen Campagnabauern die Weiterverbreitung des ptolemäischen Weltbildes. Erst unter Galileis Einfluss setzt ein kritischer Bewusstwerdungsprozess ein. Nachdem der kleine Mönch zunächst mit dem Ziel der Wahrung des „Seelenfrieden[s] Unglücklicher" an der Weiterverbreitung des kirchlichen Dogmas festgehalten hatte, belehrt ihn Galileis rational-aufklärerische Argumentation eines Besseren. Die gesellschaftliche Analysefähigkeit des Wissenschaftlers öffnet Fulganzio die Augen hinsichtlich der Ursachen der herrschenden sozialen Ungleichheiten. Er bekennt sich zu Galileis Vorstellung eines heliozentrischen Weltbilds und scheut den Konflikt mit der Kirche nicht.

Während sich Fulganzios Haltung im Verlauf des Stücks von einer Verklärung des wirtschaftlichen Elends aus falsch verstandenem sozialen Verantwortungsgefühl heraus zu einem gesellschaftskritisch-analytischen Standpunkt entwickelt, bleibt seine moralische Integrität durchgängig gewahrt. Denn im Gegensatz zur Kirche verteidigte er vor der Begegnung mit Galilei die Lehre vom geozentrischen Weltbild nicht zur Absicherung ständischer Privilegien, sondern zur Sinnstiftung für die Armen.

Der kleine Mönch verkörpert im Kontrast zu Galilei einen Wissenschaftlertypus, der sich seinen Mitmenschen stets verbunden weiß. Er wird nicht von einem absoluten Wissenstrieb beherrscht, sondern ist von einem sozial gebundenen Erkenntniswunsch getragen. Galileis Widerruf, der Fulganzio zutiefst enttäuscht in den Schoß der Kirche zurückkehren lässt, wiegt vor diesem Hintergrund besonders schwer. Jedoch kann auch angemerkt werden, dass der kleine Mönch der Orientierung an einem Vorbild bedarf, um seine kritische Haltung gegenüber der Kirche aufrechtzuerhalten. Fulganzio hätte somit Teil an dem von Andrea Sarti entwickelten problematischen Heldenmythos um die Person Galileo Galileis.

Vanni

Der Eisengießer Vanni ist Sprachrohr jener aufstrebenden bürgerlichen Klasse, die das Ende der feudalen Epoche herbeiführen will. Wiederholt sucht er die Nähe zu Galilei, da er in dem Naturwissenschaftler einen Verbündeten im Kampf für gesellschaftlichen Fortschritt zu erkennen glaubt. Obwohl der Eisengießer nach eigenem Bekunden kaum über astronomische Kenntnisse verfügt, weiß er um die von Galileis Lehre ausgehenden liberalen Impulse. Er vertraut darauf, dass sie den gewünschten gesellschaftlichen Wandel beschleunigen. Vanni sichert Galilei im Falle drohender Gefahr seitens der kirchlichen Obrigkeit die volle Unterstützung seiner Geschäftsfreunde aus den oberitalienischen Städten zu. Somit bescheinigt er dem Wissenschaftler, dass seine Forschungen für die bürgerliche Schicht von außerordentlicher sozialer Bedeutsamkeit sind. In diesem Zusammenhang berichtet Vanni Galilei von dem, verglichen mit Italien, weitaus fortschrittlicheren Ausland, wo Handels- und Gewerbefreiheit sowie medizinische und landwirtschaftliche Forschung verwirklicht sind. Dass Vanni sich nicht ausschließlich für technische Erneuerungen und profitsteigernde Maßnahmen, sondern auch für bürgerliche Freiheitsrechte wie beispielsweise die Informationsvielfalt einsetzt: „Regelmäßig erscheinende Zeitungen mit Nachrichten." (S. 103), wertet ihn zu einer Identifikationsfigur für die Zuschauer auf, die ihn als moralisch überzeugenden Vorreiter der gesellschaftlichen Entwicklung schätzen.

Vannis aus seinem Klassenbewusstsein resultierende kämpferische Haltung löst in Galilei jedoch kein positives Echo aus. Anstatt mit Dankbarkeit und Freude reagiert der Wissenschaftler unwirsch und zurückweisend auf die angebotene Hilfe. Vannis hellsichtig geäußerte Warnungen verleugnet er und markiert somit seine Distanz zu den weltanschaulichen Positionen des Eisengießers. Während sich Vanni als zuverlässige, klassenbewusste Persönlichkeit erweist, welche den sich anzeigenden gesellschaftlichen Fortschritt erfasst, scheut Galilei die Verantwortung für die soziale Bedeutung seiner Lehren und stellt sich blind angesichts der drohenden Gefahr. So kann er Vannis Unterstützungsangebot lediglich als vereinnahmende Geste begreifen, die er schroff zurückweist.

Kardinal Barberini, später Papst Urban VIII.

Wie der kleine Mönch gehört Barberini zweierlei Welten an: Als höchster katholischer Würdenträger Papst Urban VIII. befindet er sich im Zentrum der kirchlichen Macht, zugleich jedoch hat er als Mathematiker Zugang zu dem Bereich der Wissenschaften und weiß, dass das Modell des geozentrischen Weltbilds neuesten Erkenntnissen nicht länger standhält. Im Gegensatz zu Fulganzio hingegen erlebt er diesen Zustand nicht als quälenden

Gewissenskonflikt, der nach einer moralisch vertretbaren Entscheidung verlangt, denn er stellt die gesellschaftlichen Rollenerwartungen an ihn als Papst zu keinem Zeitpunkt ernsthaft in Frage. Gleichermaßen gehalten wie gefangen in diesem sozialen Korsett, ist er gegen peinigende Zweifel und Selbstvorwürfe gefeit, in seiner persönlichen Entwicklungsfähigkeit jedoch begrenzt.

Als der Wissenschaftler Barberini seinem rückschrittlichen Vorgänger auf dem Heiligen Stuhl nachfolgt, ist Galilei hoffnungsfroh gestimmt. Auch der kleine Mönch äußert sich zuversichtlich, wenn er Papst Urban VIII. als „aufgeklärte[n] Mann" (S. 94) bezeichnet.

Beide erliegen jedoch einer Täuschung, denn zwar will Barberini die Entfaltung der Wissenschaften während seiner Amtszeit gewahrt wissen, jedoch nur so lange, wie die Forschungsergebnisse das ideologische Fundament der Kirche nicht bedrohen. In einer Unterredung mit dem strategisch geschickten Inquisitor, in der dieser den Papst von der Schädlichkeit der Galilei'schen Lehren zu überzeugen sucht, zeigt sich Barberini anfänglich noch als liberaler Freund der Wissenschaften: „Ich lasse nicht die Rechentafel zerbrechen. Nein!" (S. 105) Der Papst weiß um die Sympathien, die Galilei im Ausland, beispielsweise in Versailles oder am Wiener Hof, genießt. Er fühlt sich nicht zuletzt aus Sorge um den guten Ruf der heiligen Kirche verpflichtet, Galilei, den „größte[n] Physiker dieser Zeit" (S. 109), zu schützen. Als der Inquisitor mit rhetorischer Raffinesse weiter in ihn dringt, willigt Barberini schließlich ein, Galilei mit Folterdrohungen zum Schweigen zu bringen.

Kritikwürdig ist zum einen die Tatsache, dass Barberini die Rolle des Amt- und Würdenträgers so stark verinnerlicht hat, dass ihm vernünftige Entscheidungsfindung nicht möglich ist. Zum anderen desillusioniert Barberinis Verrat an Galilei im besonderen Maße, da es sich bei den Überredungsversuchen des

Inquisitors um ein rein taktisches Manöver handelt, das auf keinerlei weltanschauliche Überzeugung gegründet ist. So hat Barberini dem Inquisitor nichts entgegenzusetzen, als dieser aus wirtschaftlichen Interessen heraus den oberitalienischen Seestädten Galileis Sternkarten aushändigen, gleichermaßen aber dessen Lehren verdammen will.

3 Motive und zentrale Aspekte

Brecht verwendet in seinem *Galilei* leitmotivartig bestimmte Bilder bzw. Aspekte, welche den gesamten Handlungsstrang durchziehen und somit den thematischen Kern des Dramas ausmachen.

An erster Stelle wäre hier das **Motiv des Sehens** zu nennen, dem der Autor vielfältige Bedeutungsschichten unterlegt. Galileis Bemühen, die Welt durch rationale Beweisführung von der Richtigkeit der kosmischen Ordnung des Kopernikus zu überzeugen, ist mit einer ganz bestimmten Form des Sehens verknüpft.

Nikolaus Kopernikus inmitten seiner Geräte zur Beobachtung des Himmels

Die Verteidiger des alten Weltbildes, allen voran die Kirchengelehrten, praktizieren eine Sehweise, die sich von den beobachtbaren Phänomenen weg ausschließlich auf die Heilige Schrift richtet. Diese Versenkung des Blicks in die biblische Lehre führt zu einer geistigen Unbeweglichkeit, die sich neuen Erkenntnissen verschließt. Die eingeschränkte Erkenntnisfähigkeit, die aus der freiwilligen Beschränkung auf das geschriebene Wort resultiert, ist mit einer beruhigenden Gewissheit gepaart: Die Gläubigen fühlen das Auge Gottes auf sich ruhen, ihr Schicksal ist in göttlicher Hand.

Galilei hingegen macht sich eine ganz andere Art des Sehens zu eigen. Wenn er seinen Schüler Andrea Sarti mit den Worten „Du siehst gar nichts. Du glotzt nur. Glotzen ist nicht sehen" (S. 13) anfährt, so verweist er auf einen Aspekt des Sehens, der über das registrierende Wahrnehmen hinaus geht. Galilei spricht sich für ein vernünftiges Sehen aus, das die visuellen Beobachtungen mit einer logisch nachvollziehbaren Erklärung verbindet. So fordert er den jungen Sarti im 1. Bild auf, die mithilfe eines Stuhles, eines Apfels und eines Holzsplitters durchgeführten wissenschaftlichen Experimente zu beschreiben und auf die Bewegungen der Gestirne zu beziehen.

Wenn Galilei die gesellschaftlichen Folgen benennt, die der Übergang vom geo- zum heliozentrischen Weltbild nach sich zieht, so verweist er darüber hinaus auf die soziale Bedeutung des Sehens. Diese Fähigkeit, in gesellschaftlichen Zusammenhängen zu denken, verliert der Wissenschaftler jedoch im Verlauf des Stückes immer mehr. In blindem Vertrauen auf die menschliche Vernunft versichert Galilei seinem Freund Sagredo, dass er im Gegensatz zu Giordano Bruno die Welt von der kopernikanischen Lehre zu überzeugen vermag. Dank der sichtbaren Beweisführung mithilfe des Fernrohrs will er die Mönche „bei den Köpfen nehmen und sie zwingen, durch dieses Rohr zu schauen" (S. 40). Der wissenschaftliche Ehrgeiz hat so sehr von

Galilei Besitz ergriffen, dass er seinen Einfluss überschätzt. Das Wissen um die Positionsgebundenheit des Sehens, die Einsicht also, dass die Perspektive des Betrachters eine bestimmte Erkenntnis ermöglicht, andere Wahrnehmungsformen aber zugleich ausschließt, verliert er aus dem Blick. Diese Verblendung führt zur Fehleinschätzung des gesellschaftlichen Kräftefeldes, die der Physiker erst ganz am Ende des Stückes wieder korrigieren kann.

Giordano Bruno 1548–1600, scheiterte beim Beweis der kopernikanischen Lehre

Brecht fasst das Motiv des Sehens in der Schlussszene in einer paradoxen Art und Weise: Er verleiht dem mittlerweile fast erblindeten Galilei visionäre Fähigkeiten, um auf das Zusammenspiel zwischen innerer gedanklicher Ahnung und äußerlich sichtbarer Wahrnehmung zu verweisen. Seine Rede vom „universalen Entsetzensschrei" (S. 128) erweist sich als überaus hellsichtig, da sie zukünftige Entwicklungen vorwegnimmt und Alternativen aufzeigt.

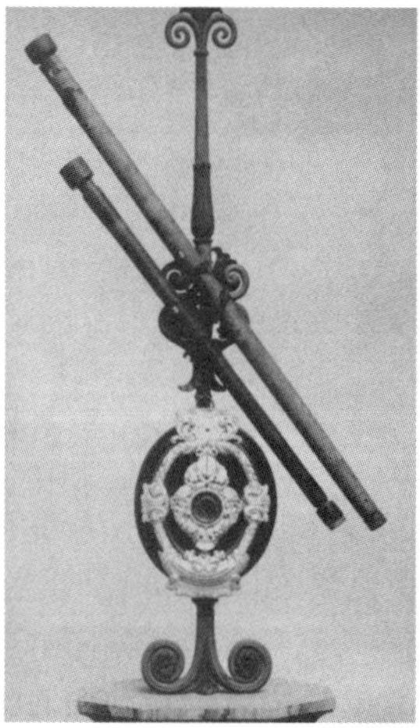
Fernrohre des Galilei

Eng verknüpft mit dem Motiv des Sehens ist die **Bedeutung des Fernrohrs** als Hilfsmittel wissenschaftlicher Erkenntnis. Von Ludovico über die in Holland getätigte Erfindung des Fernrohrs unterrichtet, überreicht Galilei kurz darauf Venedig feierlich das als „vollkommen neu" (S. 25) ausgegebene

Instrument. Diese betrügerische Handlung sichert dem Wissenschaftler den lebensnotwendigen Lohn und verweist darauf, dass auch die wissenschaftliche Forschertätigkeit den Gesetzen des Marktes unterworfen ist: „Skudi wert ist nur, was Skudi bringt." (S. 20) Die 500 Skudi erhält der Gelehrte ausschließlich deshalb, weil das Fernrohr die Herrschaftsinteressen bedient:

> *Und ist es ihnen eingefallen, daß wir vermittels dieses Instruments im Kriege die Schiffe des Feinds nach Zahl und Art volle zwei Stunden früher erkennen werden als die unsern, so daß wir, seine Stärke wissend, uns zur Verfolgung, zum Kampf oder zur Flucht zu entscheiden vermögen?* (S. 26)

Losgelöst von seinem Erfinder, nimmt das Fernrohr Warencharakter an und kann selbst für militärische Zwecke missbraucht werden. Galilei hingegen nutzt das Werkzeug in moralisch vertretbarer Weise für seine astronomischen Beobachtungen. Es gelingt ihm somit erstmals, seine Forschungshypothesen vom heliozentrischen Weltbild empirisch zu beweisen.

Die Bedeutsamkeit der sozialen Verankerung der Wissenschaften verdichtet sich in dem **Motiv der Milch**, das oftmals in Kontrast zum **Motiv des Buchs** verwendet wird. Der Auftakt des Dramas „Stell die Milch auf den Tisch, aber klapp kein Buch zu" (S. 9) kann als Lebensmotto des Gelehrten verstanden werden, das er in dieser Szene seinem Schüler Andrea vermittelt. Die Milch als Inbegriff materieller Lebensgrundlagen und sinnlichen Genusses soll ihren berechtigten Platz neben dem geschriebenen Wort finden. Das Buch vergegenständlicht in diesem Zusammenhang die Geistestätigkeit des Wissenschaftlers, deren Voraussetzung körperliches Wohlergehen ist. Dass Brecht es zur Aufgabe der lebenstüchtigen Frau Sarti erklärt, den Wissenschaftler wiederholt an die Bezahlung des Milchmanns zu erinnern, unterstreicht die Aussage von der Einheit zwischen Körper und Geist. Frau Sarti beugt mit ihren Ermahnungen einer Vergeistigung des Gelehrten vor und holt ihn ins Leben zurück.

Wenn Galilei in seinem großen Schlussmonolog vom Wissenschaftler fordert, gleichermaßen den „Kampf der römischen Hausfrau um Milch“ wie den „Kampf um die Meßbarkeit des Himmels“ zu führen, weil die Wissenschaft „mit beiden Kämpfen zu tun“ (S. 127) hat, so verweist er noch einmal in aller Deutlichkeit auf den sozialen Auftrag des Forschers.

In der letzten Szene führt Brecht in der Figur Andrea Sartis die Motivkreise Milch und Buch noch einmal zusammen. Beladen mit einem Gefäß Milch und einer Kiste voller Bücher, darunter das Manuskript Galileis, passiert Sarti unbehelligt die Grenze. Die Entscheidung des jungen Wissenschaftlers, den gefüllten Krug einer Alten zu überlassen und lediglich mit den *Discorsi* weiterzuziehen, löst zwiespältige Empfindungen aus. Positiv gewendet, kann Sartis Geste als einfühlsame Unterstützung materiell Bedürftiger verstanden werden. Kritische Bedenken stellen sich jedoch deshalb ein, weil er Milch und Buch trennt und somit die von seinem Lehrer geforderte Einheit von sozialer und geistiger Tätigkeit erneut aufzukündigen droht.

4 Literarische Form und ihre Einordnung – Brechts Konzeption des epischen Theaters

Brechts **episches Theater,** auch **politisches Lehrtheater** genannt, fand und findet zu Recht Anerkennung als einflussreicher Beitrag zur politisch engagierten Kunst des 20. Jahrhunderts. Die dramentheoretischen Schriften des Autors sind geprägt von seiner intensiven Auseinandersetzung mit der **marxistischen Geschichtsauffassung,** die die Geschichte als fortdauernden Klassenkampf auf eine klassenlose Gesellschaft hin interpretiert. Brecht entwickelt seine Überlegungen zum epischen Theater in scharfer Abgrenzung von der in der Nachfolge des Aristoteles stehenden bürgerlichen Theatertheorie. Diese Kritik zielt vor allem auf die im aristotelischen Drama beabsichtigte Wirkungsweise auf den Zuschauer, die gemeinhin mit dem Begriff „Katharsis“ umrissen wird: Ziel der klassischen Tragödie ist es, auf eine Identifikation des Zuschauers mit dem tragischen Helden hinzuwirken, um jenen mittels Einfühlung in das Bühnengeschehen von Gefühlen wie Furcht und Mitleid zu reinigen.

Brecht hingegen lehnt eine solch restlose Einfühlung des Publikums in das Handlungsgeschehen ab, weil sich die Energie der Zuschauer im Mitgefühl verbraucht. Der aufmerksam beobachtende Blick sowie die prinzipiell vorhandene kritische Urteilsfähigkeit der Theaterbesucher gehen dabei verloren. Der Mensch des 20. Jahrhunderts gilt Brecht als ein mit Vernunft ausgestattetes, zur aktiven Veränderung befähigtes Subjekt, dessen Handlungsspielräume an die politischen und ökonomischen Rahmenbedingungen gebunden sind. Infolgedessen sieht es der Dramatiker als seine Aufgabe an, den Zuschauer zur Einsicht in die Gesetze des menschlichen Zusammenlebens sowie zu einer Gesellschaftskritik zu befähigen.

Der Begriff episches Theater verweist auf die Nähe zur epischen (erzählenden) Dichtung, in der die Geschehnisse aus der Perspektive eines Erzählers kommentiert und präsentiert werden. Diese reflexive Ebene vermag darauf hinzuweisen, dass in der Kunst die vorgefundene Wirklichkeit nicht auf gleichsam naturgetreue Weise abgebildet, sondern bewusst gestaltet wird. Ein zentrales Anliegen Brechts ist es, den Zuschauern durch stilistische Mittel den **Demonstrationscharakter des Bühnengeschehens** ins Bewusstsein zu rufen.

Zur Umsetzung dieser an den kritischen Realitätssinn des Publikums appellierenden Wirkungsabsicht entwickelt Brecht das Stilmittel der **Verfremdung,** kurz **V-Effekt** genannt. Diesem künstlerischen Element kommt eine erkenntnisfördernde Bedeutung zu, weil es dazu beiträgt, die Konzentration der Zuschauer vom **Was** des Geschehens auf das **Wie** zu verlagern.

Nicht das distanzlose Eintauchen in den Fluss der Handlung, sondern eine emotional zurückgenommene Zuschauerhaltung soll gefördert werden. Herausgerissen aus seiner passiven Rolle, wird der Zuschauer angeregt zur kritischen Urteilsfindung und prüfenden (Selbst-)Betrachtung.

Als Verfremdungselemente gelten beispielsweise Unterbrechungen des Handlungsverlaufs durch kommentierende Songs, Chöre, Schrifttafeln, Plakate, Spruchbänder und Kommentare. Im *Leben des Galilei* kommt diese Funktion beispielsweise den den Bildern vorangestellten Titeln und zusammenfassenden Versen zu.

Zentraler Aspekt der Verfremdung ist die **Historisierung** der Gegenwart, durch die die Zuschauer in ein distanziertes Verhältnis zu ihrer vertrauten Umgebung versetzt werden sollen. Somit können gesellschaftliche Vorgänge als gestaltet und prinzipiell veränderbar erfahren werden.

Brecht schreibt den V-Effekten kämpferischen Charakter zu und macht somit seinen Wunsch nach einer Belehrung des Publikums hinsichtlich einer Bewusstseins- und Verhaltensänderung deutlich.

5 Erzähltechnik – epische Elemente im *Galilei*

Obwohl Brechts maßgebliche dramentheoretische Schriften *Über experimentelles Theater* (1939/49), *Der Messingkauf* (1939/40) und *Kleines Organon für das Theater* (1948/49) in die Entstehungszeit des *Galilei*-Dramas fallen, sind die epischen Elemente hier im Vergleich zu anderen Dramen Brechts nicht besonders stark ausgeprägt. Dennoch finden sich bei näherer Betrachtung stilistische Gestaltungsmittel, denen epische (erzählerische) Funktion zukommt.

Hier wären als Erstes die **den 15 Szenen vorangestellten Titel** zu nennen, welche, teilweise mit Zeitangabe versehen, den Gang der Handlung vorwegnehmen und die Spannung auf den Fortgang der Ereignisse vermindern. Ein – wenn auch in verknappter Form – vorab über den Verlauf der Ereignisse informierter Zuschauer kann seine Aufmerksamkeit vom **Was** auf das **Wie** der Darstellung richten (von dem Geschehen weg auf die Darstellungsweise hin) und sieht sich somit nicht der Gefahr ausgesetzt, die zur Erkenntnis erforderliche kritische Distanz zum Bühnengeschehen zu verlieren.

Eine ähnliche Wirkung geht von der **direkten Anrede des Publikums** in den den Szenen vorangestellten Versen beispielsweise im Bild 2 aus:

Nun hört und seid nicht grimm darob
Die Wahrheit übers Teleskop (S. 25)

Um der rückhaltlosen Identifikation der Zuschauer mit den handelnden Personen entgegenzuwirken, wird auf den Aspekt des Zeigens und Erzählens verwiesen. Das Publikum erfährt sich so nicht als Teil, sondern als Gegenüber des Bühnenvorgangs und vermag sich aus der kritisch-distanzierten Beobachterrolle heraus ein Urteil zu bilden.

Verfremdende Wirkung geht vor allem von der **Wahl des *Galilei*-Stoffes** aus, der über einen realgeschichtlichen Bezug zum Italien des frühen 17. Jahrhunderts verfügt. Die **Historisierung des Geschehens** erlaubt es, die behandelte Thematik des geistigen Widerstands gegen die Obrigkeit sowie die Problematik der Wissenschaft in der bürgerlichen Gesellschaft aus dem unmittelbaren politischen Alltag herauszulösen und in ein vergangenes Gesellschaftssystem zu verlegen. Da eine solche Darstellungsweise vertraute Selbstverständlichkeiten in einen ungewohnten Zusammenhang stellt, ermöglicht sie es, das Gegebene kritisch zu hinterfragen. Aktuelle gesellschaftliche Fragen können auf der Folie einer zurückliegenden geschichtlichen Epoche reflektiert werden und die Gesetzmäßigkeiten der Geschichte erkennbar machen, da vergangene und gegenwärtige Lebensverhältnisse miteinander verglichen werden.

Auch in der **Figurengestaltung Galileis** kommen epische Elemente zum Tragen. Zwar rückt Brecht hier eine überragende historische Einzelpersönlichkeit ins Zentrum seines Stückes, doch wird Galileis Verhalten nicht allein aus seiner individuellen Eigenart heraus erklärt. Seine Handlungen und Überzeugungen sind vielmehr Teil seiner sozialen Rolle, da ihm in seiner Funktion als Gelehrter am florentinischen Hof ein klar umrissener Ort in der Gesellschaft zugewiesen wird.

Zusätzlich zu dieser **gesellschaftlichen Verortung** der Bühnenfiguren verlagert Brecht eine **Ebene der Reflexion** in das Innere Galileis, was zu einer Erweiterung der Perspektive führt. Die Entwicklung der dramatischen Handlung wird somit von der reflektierend-kommentierenden Stimme des Wissenschaftlers ergänzt. Dieser Kunstgriff kann als **Doppelung der dramatischen Person** in eine handelnde Figur und ein reflektierendes Gewissen bezeichnet werden, denn Galilei geht selbstkritisch mit sich ins Gericht. Eindrucksvoller Beleg dieser Selbstbezichtigung ist der Schlussmonolog im 14. Bild, in dem der Physiker rückblickend seine mangelnde Standfestigkeit für die verhängnisvollen Folgen für die Wissenschaftsentwicklung verantwortlich macht.

Der **Funktionswandel der dramatischen Figuren** weg vom tragischen Einzelschicksal hin zum sozial repräsentativen Charakter, den die Personen in Brechts epischem Drama erfahren, wird in den **Regieanweisungen des Autors** verstärkt. Die Darsteller, so Brecht, müssen jederzeit als **Demonstranten einer fremden Rolle** erkennbar bleiben. Es dürfe nicht zu einer Verwandlung des Schauspielers in die demonstrierte Figur kommen, denn nur so sei gewährleistet, dass diese zum Gegenstand der Kritik der Zuschauer werden können.

6 Sprache

Genau genommen kann die im *Leben des Galilei* verwendete Dramensprache als weiteres episches Element begriffen werden, trägt sie doch zur sozialen Typisierung der Figuren bei. Brecht selbst hat den Begriff des **gestischen Sprechens** geprägt, um die zentrale Bedeutung des Bühnenvortrags zu unterstreichen.

Die Rede der Figuren wird von Ausdrucksbewegungen des Körpers, den so genannten Gesten, begleitet und in ihrer Wirkungsweise verstärkt.

So wie der Autor die Dramenhandlung vor dem Hintergrund eines differenzierten gesellschaftlichen Umfeldes entwickelt, so handelt es sich auch bei der im Stück verwendeten Sprache keineswegs um eine einheitliche Form des sprachlichen Ausdrucks. Vielmehr werden den einzelnen Personen unterschiedliche Sprachebenen und Sprechweisen zugeordnet, die auf ihre jeweilige soziale Herkunft verweisen und ihre Zugehörigkeit zu einer bestimmten gesellschaftlichen Gruppe/Klasse deutlich werden lassen.

Brecht bemüht sich hierbei jedoch nicht um eine möglichst realitätsgetreue Nachahmung alltäglichen Sprechens, sondern trägt durch Überzeichnung und Stilisierung der Sprache dazu bei, den Zuschauern das Geschehen als *Bühnen*geschehen nahe zu bringen. Gemäß Brechts Überlegungen zum epischen Theater kann allein der Verweis auf den *Kunst*charakter der Handlung die kritische Beobachtungsgabe des Publikums sensibilisieren.

Frau Sartis „Stimme des Volkes“ spricht stellvertretend für die unvermögenden, ungebildeten Bevölkerungsschichten, die sich am unteren Ende der gesellschaftlichen Rangordnung befinden. Auffällige Charakteristika ihrer Sprechweise sind ein einfacher, über umgangssprachliche Verknappungen selten hinausweisender Satzbau („Ich meine auch nicht solche Sachen, sondern einfach, wie die Zukunft sein wird. Ich kann auch nichts wissen, ich bin eine ungebildete Person." S. 84) sowie ein eingeschränkter, aus ihrem unmittelbaren Alltag entstammender Wortschatz:

> *Und die große Besichtigung heute wird eine Blamage, daß ich morgen wieder nicht dem Milchmann ins Gesicht schauen kann. Ich wußte, was ich sagte, als ich ihm riet, den Herren zuerst ein gutes Abendessen vorzusetzen [...]* (S. 42)

Obwohl Brecht der Haushälterin Galileis lediglich eine sehr reduzierte Ausdrucksweise zugesteht, verunglimpft er diese sich ihrer fehlenden Bildung bewusste Figur keineswegs als dumm. Vielmehr verleiht die vom Autor gestaltete Sprech- und Denkweise Frau Sarti eine Form von praktischer Intelligenz, die sie den Zuschauern sympathisch werden lässt. Auf Galileis Frage zur Bewegungsrichtung der Gestirne („Ist es anzunehmen, daß das Große sich um das Kleine dreht, oder dreht wohl das Kleine sich um das Große?" S. 37) antwortet seine Bedienstete schlagfertig mit einer Analogie aus ihrer konkreten Lebenssituation:

> *Stelle ich ihnen das Essen hin, oder stellen sie es mir hin? [...] Sie sind es nämlich, der studiert hat und der bezahlen kann.* (S. 37)

Indem Frau Sarti Bildung und Besitz als Faktoren der Macht erkennt, die über die sozialen Beziehungen entscheiden, verweist sie hellsichtig auf die weltanschauliche Dimension des kopernikanischen Weltbildes: So wie der sozial überlegene Galilei nicht bereit ist, sich dienend auf seine Haushälterin zuzubewegen, so werden auch die Vertreter der Kirche, die Florentiner Hofgelehrten und der besitzende Landadel der Bewegungsveränderung der Gestirne gemäß des heliozentrischen Weltbildes nicht zustimmen. Dies hieße nämlich, dass sie ihren privilegierten Platz im gesellschaftlichen Gefüge räumen müssten.

Einen scharfen Kontrast zu diesem volkstümlichen Sprechen bildet die mit Latinismen und abstrakten Begriffen gespickte **Ausdrucksweise der Kirchengelehrten**. Ihr formelhaftes, steifes Sprechen entspricht der Unbeweglichkeit ihres Denkens, das ganz und gar den Vorstellungen des alten Zeitalters verhaftet bleibt. Lateinische Redewendungen („Principiis obsta!" S. 62) sowie Sprüche aus dem alten Testament („ ‚Der Weise verbirget sein Wissen.' Sprüche Salomonis." S. 68) zeugen vom hohen Bildungsgrad der Kirchenvertreter, jedoch eröffnet ihnen dieses Wissen keinerlei neue Erkenntnisse. Ihre sich als vergeistigt gebende Ausdrucksweise erweist sich als leere Rhetorik, da sie nur dazu dient, das eigene rückwärtsgewandte Weltbild abzusichern.

Galileis erfrischend lebendiges Sprechen kann als Schnittpunkt der beiden skizzierten Sprachwelten begriffen werden. Die zwei Seiten Galileis – der sinnenfrohe Genussmensch und der um exakte Beschreibung bemühte Wissenschaftler – schlagen sich in einer gelungenen Mischung in seiner Sprechweise nieder. Zudem verfügt der Physiker über die wertvolle Fähigkeit, seine Ausdrucksweise seinem jeweiligen Gesprächspartner anzupassen und sich somit auf allen gesellschaftlichen Feldern zu behaupten. Entgegen der mit erstarrtem Bildungsgut angereicherten Gelehrtensprache sind Galileis Unterweisungen seines Ziehsohns Andrea Sarti allgemein verständlich. Durch die Verwendung konkreter Beispiele und Bilder wirken sie förderlich auf das Vorstellungsvermögen des Zöglings ein:

Galilei: *Also hier ist die Erde, und hier stehst du.*
Er steckt einen Holzsplitter von einem Ofenscheit in den Apfel.
Und jetzt dreht sich die Erde.
Andrea: *Und jetzt hänge ich mit dem Kopf nach unten.*
Galilei: *Wieso? Schau genau hin! Wo ist der Kopf?* (S. 15)

Anders jedoch als Frau Sarti, die über ihr begrenztes Lebensumfeld sprachlich und gedanklich nie hinausgelangt, besteht Galilei dort auf sprachlicher Genauigkeit, wo wissenschaftliche Begriffe erforderlich sind: „Es heißt: er beschreibt einen Kreis, Andrea." (S. 9)

Auch in seiner Rolle als Gefangener der Inquisition kann er sich dank seines sprachlichen Geschicks eine vergleichsweise angenehme Situation sichern, die es ihm gestattet, unbehelligt seinen wissenschaftlichen Forschungen nachzugehen. Da Galilei die herrschende Lehrmeinung der Kirche zur Genüge kennt, kann er sein an den Erzbischof adressiertes Schreiben den sprachlichen Gepflogenheiten der Kirchenobrigkeit gemäß verfassen und seine angebliche Reue überzeugend darstellen.

Inwieweit Galilei durch diesen instrumentellen/manipulativen Umgang mit Sprache seine Glaubwürdigkeit zumindest teilweise einbüßt, wäre sicherlich eine lohnende Fragestellung, die jedoch über den Rahmen der Interpretationshilfe hinausweist.

7 Interpretation von Schlüsselstellen

Sagredos und Galileis Verständnis von Wissenschaft und Vernunft (Bild 3)

Im dritten Bild präsentiert Galilei Sagredo seine mithilfe des Fernrohrs gewonnenen astronomischen Beobachtungen, welche die kopernikanische Lehre erstmals empirisch beweisbar machen. Mit Sagredo stellt Brecht Galilei einen zweiten Wissenschaftlertypus an die Seite, der sich zwar selbst nicht als Forscher betätigt, neu gewonnene naturwissenschaftliche Erkenntnisse jedoch aufmerksam registriert. Wo Galilei Gefahr läuft, unreflektiert seinem wissenschaftlichen Eifer zu erliegen, zeichnet sich das Verhalten des Freundes durch kluge Besonnenheit, Realitätssinn und gesellschaftlichen Weitblick aus. Die in leidenschaftlichem Rausch vorgetragenen Erkenntnisse Galileis kommentiert Sagredo mit dem Satz „Das ist furchtbar." (S. 30), da er deren soziale Sprengkraft vorausahnt. Hellsichtig erfasst er die weltanschauliche Bedeutung der kosmischen Ordnung und wittert Gefahr, zu Recht, wie die Geschichte sowie der weitere Verlauf des Stückes es lehren. Er wirkt dämpfend auf Galileis leidenschaftlichen Vortrag ein („Beruhige dich! Du denkst zu schnell."

Giordano Bruno auf dem Scheiterhaufen 1600. Relief am Bruno-Denkmal auf dem Campo dei Fiori, Rom

S. 34) und verweist auf den Fall Giordano Bruno, der die Behauptung, die Erde sei nicht der Mittelpunkt des Universums, mit dem Leben bezahlen musste. Wiederholt versucht Sagredo durch die Frage nach dem Ort Gottes in Galileis Weltsystem dem Freund die Unvereinbarkeit der herrschenden Kirchenmeinung mit seinen Entdeckungen zu verdeutlichen: Wo Gott nicht im Mittelpunkt der Welt bzw. der Erde steht, kann die Kirche ihre Machtposition nicht halten. Sagredo kann die gesellschaftlichen Rahmenbedingungen, innerhalb derer wissenschaftliche Erkenntnisse gewonnen und veröffentlicht werden, reflektieren und sich aus dieser Einsicht heraus vorausschauend klug verhalten. So weiß er im Gegensatz zu Galilei, dass die kirchliche Lehre den Mächtigen als Fundament der bestehenden sozialen und politischen Ordnung dient.

Galilei hingegen kann nicht begreifen, dass sich kosmische, theologische und gesellschaftliche Ordnung wechselseitig bedingen. Aus einer Art Größenwahn heraus schlägt er die Warnungen des Freundes in den Wind und glaubt sich im Gegensatz zu seinem Vordenker Giordano Bruno unantastbar, da er eine sichtbare Beweisführung für seine Thesen vorweisen kann. Galileis ebenso leidenschaftlicher wie naiver Lobgesang auf die menschliche Vernunft: „Ich glaube an den Menschen, und das heißt, ich glaube an seine Vernunft!“ (S. 36) offenbart seinen Mangel an gesellschaftlicher Analysefähigkeit. In der Rolle des väterlichen Beraters macht Sagredo ihn auf seine „Verblendung“ aufmerksam. Das Motiv des Sehens wird hier von Sagredo doppelt verwendet:

Einerseits schätzt er den Freund für dessen von Zweifel und Wissensdurst gekennzeichneten erhellenden Blick auf die Gestirne, andererseits jedoch prangert er Galileis Autoritätsgläubigkeit an, wenn dieser so blind auf die Vernunft der Herrschenden vertraut:

> *So mißtrauisch in deiner Wissenschaft, bist du leichtgläubig wie ein Kind in allem, was dir ihr Betreiben zu erleichtern scheint. Du glaubst nicht an den Aristoteles, aber an den Großherzog von Florenz.* (S. 40)

Galileis Plädoyer für die menschliche Vernunft schlägt um in einen Vernunftglauben, der sich als zutiefst unvernünftig erweist.

Er hängt der Illusion vom „reinen Sehen" an und verkennt somit, dass sich der menschliche Blick nicht voraussetzungslos auf seinen Gegenstand richtet. Für Sagredo hingegen hat Sehen immer auch eine soziale Komponente, es ist eingebettet in gesellschaftliche Zusammenhänge und von dem sozialen sowie weltanschaulichen Standort des Betrachters abhängig. Diese Einsicht befähigt ihn dazu, die Widerstände der Fürsten und Mönche gegenüber den astronomischen Beobachtungen Galileis zutreffend vorauszusehen.

Ebenso verhält es sich mit Sagredos Vorstellung von Wissenschaft, die er anders als der Freund nicht als aus ihren sozialen Bezügen herausgelöste Disziplin denkt. Da er die Wissenschaft nicht um ihrer selbst willen, sondern als ein dem menschlichen Wohle dienendes Instrument wertschätzt, läuft er nicht Gefahr, dem Sog wissenschaftlicher Entdeckerlust zu verfallen: „Ich liebe die Wissenschaft, aber mehr dich, meinen Freund." (S. 41) Anders als Andrea Sarti, der Galilei die Freundschaft aufkündigt, als dieser von Folter bedroht seine wissenschaftliche Lehre widerruft, zeigt Sagredo menschliche Größe, da er dem Freund in der Not beizustehen versucht. Sein Verständnis von Wissenschaft und Vernunft kann als beispielhaft gelten, da es auf moralischer Integrität und geistiger Offenheit basiert.

Wissenschaft und Religion – zwei unvereinbare Welten? (8. Bild)

In ihrem Dialog nehmen Galilei und Fulganzio unterschiedliche Positionen ein: In der Figur des kleinen Mönchs begegnet der Wissenschaftler einem Grenzgänger zwischen naturwissenschaftlichem und theologischem Welterklärungsmodell. Diese Kluft wirkt in Form eines schmerzlichen Zwiespalts hinein ins Innere des gläubigen Mönchs, der ja zugleich studierter Astronom und Mathematiker ist.

Sowohl Fulganzio als auch Galilei wollen ihren jeweiligen Gesprächspartner davon überzeugen, dass jeder von ihnen auf die Ursachen des Elends und der Ungerechtigkeit in der Gesellschaft angemessen reagiert und dass ihr Ziel sowie die hierfür erforderlichen Maßnahmen der Situation angemessen sind.

Da Inhalt und Form eng miteinander verklammert sind, lohnt es sich, neben der Herausarbeitung der inhaltlichen Positionen dem Rhetorischen ihrer Redebeiträge etwas Aufmerksamkeit zu schenken. Rhetorik wird hier verstanden als die Kunst, durch die Form der Rede etwas zu bewirken, d. h. die Menschen sollen zu einem bestimmten Handeln bewegt werden. Außerdem zeigt sich hier ganz deutlich, dass Rhetorik weniger der Informationsvermittlung als der Beeinflussung dient, denn beide wissen natürlich um die bittere Armut der Bauern.

Seine Rede baut der kleine Mönch mehr oder weniger nach dem antiken Muster auf: So bittet er in der Einleitung (expositio) Galilei darum, von sich erzählen zu dürfen. Dies ist ein geschickter rhetorischer Schachzug, da er mit seiner Person für die Wahrheit dieser Aussagen bürgt. Der Hauptteil (narratio) schildert die wirtschaftliche Misere der Campagnabauern am Beispiel seiner Familie, wobei die tiefe Harmonie dieses Idylls mehrfach betont wird. Als Bauernsohn fühlt sich der kleine Mönch den materiell Benachteiligten persönlich verbunden; diese emotionalen Bande verhindern aber jeglichen kritischen Blick aus der Distanz heraus.

Fulganzio vertritt die wissenschaftlich überholte Lehrmeinung der Kirche. Folglich muss er es vermeiden, gesellschaftliche Zusammenhänge in seiner Argumentation aufzuzeigen. Vielmehr muss er sich dem Detail zuwenden. Bildlich gesprochen könnte man sagen, dass er Galileis Werkzeug der Erkenntnis, das Fernrohr, im umgekehrten Sinne verwendet, sodass es verkleinert statt zu vergrößern und lediglich einen kleinen Ausschnitt der Wirklichkeit erkennbar werden lässt. Dadurch verbleibt das Statische in seiner Argumentation, er verweilt nur bei seiner Familie. Entscheidend ist die Appellfunktion ans Mitleid, darauf beschränkt sich sein Redebeitrag, er will „rühren", das Gemüt bewegen und Galilei auf die Gefahren „allzu hemmungslose[n] Forschens für die Menschheit" (S. 76) hinweisen.

In Fulganzios Schilderungen fällt weiterhin auf, dass die Campagnabauern ihren Alltag als sinnvoll geordnet und naturgegeben begreifen; das „Bodenaufwischen", die „Steuerzahlung" sowie die „Unfälle" bei der Feldarbeit werden ebenso wie die „Jahreszeiten im Ölfeld" als naturwüchsig, gottgegeben und eben nicht als veränderbare gesellschaftliche Praxis verstanden. Lebensmut und Sinn des Daseins beziehen die Landbewohner aus der christlichen Lehre, welche ihr entbehrungsreiches Leben als von Gott auferlegte Bewährungsprobe verklärt, die sie nur mit „Geduld" und „Einverständnis in ihr Elend" bestehen können. Hieraus schlussfolgert der kleine Mönch, dass dem Heiligen Dekret „Seelengüte" zukomme, da es die Campagnabauern mit ihrer gegenwärtigen Lebenssituation versöhnt und sie vor Verzweiflung und Verbitterung bewahrt.

Dass der Blick auf gesellschaftliche Wirklichkeit abhängt von der jeweiligen Perspektive, wird an Galileis wortgewaltiger Entgegnung deutlich: Zwar blicken beide auf das Gleiche, jedoch erkennen sie nicht Dasselbe. Während Fulganzio aus emotionaler Betroffenheit vom Schicksal der Campagnabauern diese in ihrem demutsvollen Verzicht auf ein erfülltes Leben im Diesseits unkritisch bestärkt, da er die auf Jenseitiges verweisende christliche Erlösungslehre als Lohn für irdische Mühsal anerkennt, ist Galileis rational-analytische Argumentationsweise aus der Distanz heraus darauf angelegt, die gesellschaftlichen Ursachen sozialer Ungleichheit zu hinterfragen.

Dreimal stellt Galilei die Warum-Frage und legt im gleichen Atemzug schonungslos die Rolle der Kirche als Teilhaberin am herrschenden Ausbeutungssystem offen, da diese sich skrupellos an der Arbeitskraft der Campagnabauern bereichert.

Galilei greift die zentralen Begriffe aus der Rede seines Gesprächspartners wie „Seelengüte", „Ordnung" und „Notwendigkeit" erneut auf, jedoch gibt er ihnen eine ganz neue Wendung. Indem er sie in gesellschaftliche Zusammenhänge einbettet, überprüft er sie und kann ihren ideologischen Charakter enthüllen. Somit ist seine Methode rational, weil seine Aussagen an der Realität gemessen werden können.

Während der kleine Mönch Wissenschaft und soziale Verantwortung als miteinander unvereinbar betrachtet, kann Galilei diese Entgegensetzung auflösen, da seine rationale Gesellschaftsanalyse auf die Beseitigung sozialer Ungerechtigkeit zielt. Indem Galilei die „göttliche Geduld" der Campagnabauern als Tugend der Aufopferung zurückweist und im Gegenzug verlangt, dass sie „in Bewegung kommen und denken lernen", um ihren „göttlichen Zorn" (S. 81) freizusetzen, bringt er in aller Deutlichkeit seine vom kleinen Mönch radikal verschiedene Vorstellung vom Menschen zum Ausdruck: Während der Mensch nach Auffassung Galileis als vernünftiges irdisches Wesen seine Daseinsbestimmung und seinen Wert in sich selber trägt, hängt der Mönch einer Vorstellung nach, die den Menschen auf ein göttliches Zentrum hin entwirft, als Ebenbild Gottes, das erst im Jenseits zur Vollkommenheit gelangt.

Auch wenn im Verlauf des Dialogs Galileis Betrachtungsweise überzeugen kann, beinhalten beide Positionen Problematisches.

Während Fulganzio aus einem falsch verstandenen Verantwortungsgefühl für die Campagnabauern heraus unfreiwillig den Interessen der klerikalen und weltlichen Obrigkeit dient, laufen Galileis abstrakte Prinzipien von Vernunft und Wahrheit Gefahr, den Bezug zu den konkreten Individuen zu verlieren. Nicht aus persönlicher Betroffenheit heraus handelt er, sondern aus dem abstrakten, von seiner Lebenswelt abgehobenen Wunsch nach Revolutionierung der Menschheit im Ganzen. In diesem Zusammenhang kann auch Galileis belastete Beziehung zur Tochter Virginia sowie zu Frau Sarti genannt werden.

Galilei selbst ist es, der das Unheil eines sich verselbstständigenden Wissenstriebs, jenes Prozesses, dem er im Verlauf des Dramas selbst zum Opfer fallen wird, stellvertretend an der Figur des kleinen Mönchs vorwegnimmt. Indem er nämlich Fulganzios hoffnungsfroh stimmende Einsicht- und Wandlungsfähigkeit am Ende des Gesprächs mit dem Sündenfall gleichsetzt: „Ein Apfel vom Baum der Erkenntnis! Er stopft ihn schon hinein" (S. 81), bringt er dessen von sozialer Verantwortung geleiteten Wissensdurst in Verruf.

Am Ende spricht Galilei nicht mehr vom kleinen Mönch, sondern von sich selbst, was beweist, dass es seine eigene Moral ist, um die er bangt. Denn er weiß, dass sein Erkenntnistrieb sich von allen sozialen Bindungen zu lösen droht und somit sein eigenes Leben gefährden kann:

> *Ich denke manchmal: ich ließe mich zehn Klafter unter der Erde in einen Kerker einsperren, zu dem kein Licht mehr dringt, wenn ich dafür erführe, was das ist: Licht!* (S. 81)

Galileis Selbstanklage und Andrea Sartis Entlastungsangebot (14. Bild)

Den eigentlichen Schlussakkord des Dramas setzt Brecht mit der Selbstanklage Galileis im 14. Bild, die der mittlerweile als Gefangener der Inquisition in Florenz lebende Gelehrte in Anwesenheit seines Besuchers Andrea Sarti vornimmt. Beide ziehen eine

Bilanz der durch den Widerruf ausgelösten Entwicklungen in Wissenschaft und Gesellschaft. Hierbei treffen unterschiedliche Einschätzungen, Wissenschaftsvorstellungen und Zukunftsvisionen aufeinander, die im Laufe des Gesprächs einem Wandel unterliegen und der Unterredung eine eindrucksvolle Dynamik verleihen.

Zu Beginn macht Sarti in der Rolle des vorwurfsvollen Anklägers den ehemals väterlichen Freund für die verheerenden Konsequenzen seines Widerrufs im Bereich der Wissenschaft verantwortlich. Sowohl den Stillstand der Forschung in Italien als auch die desillusionierte Abkehr Federzonis und Fulganzios von jeglicher naturwissenschaftlichen Betätigung lastet er Galilei als schuldhaften Verrat an der Wissenschaft und den fortschrittlichen Volksschichten an.

Dieser unternimmt keinerlei Rechtfertigungsversuche, stattdessen teilt er Sarti fast beiläufig von den inzwischen fertig gestellten *Discorsi* mit. Als Galilei Andrea zudem noch eine Abschrift aushändigt und ihm gestattet, das Werk auf eigene Verantwortung ins Ausland zu bringen, gerät der bislang zurückhaltend-kühle Sarti in große Aufruhr. Fast andächtig zitiert er die ersten Zeilen des Manuskripts und unternimmt sogleich reumütig einen Entschuldigungsversuch. Mit den Worten „Dies ändert alles. Alles." (S. 124) nimmt Sarti all seine vorab geäußerten Anschuldigungen zurück und deutet Galileis Widerruf nun voll ehrfürchtiger Bewunderung in ein kluges Täuschungsmanöver um. Einst als Versagen aus Feigheit gebrandmarkt, gilt dem jungen Wissenschaftler Galileis Tat angesichts der *Discorsi* nun als moralisch gerechtfertigte strategische List, die es ihm erlaubte, der Wissenschaft zum Sieg zu verhelfen. Bemerkenswert an Andrea Sartis Umschwenken in der Beurteilung Galileis ist Folgendes: Wie zuvor richtet er nun auch im Zuge seiner Neubewertung des Widerrufs keine einzige Frage an Galilei, welche die eigenen Mutmaßungen über die tatsächlichen Beweggründe des

Wissenschaftlers überprüfen könnten. Fast hat es den Anschein, als wolle er Galilei mit diesem moralischen Entlastungsangebot zum Schweigen bringen, weil für ihn allein der wissenschaftliche Ertrag, die Fertigstellung der *Discorsi,* von Interesse ist. Diese Vermutung erhärtet sich, wenn Andrea die Chance eines gesellschaftlichen Umbruchs als „hoffnungslose [...] politische [...] Schlägerei" abtut und die als „das eigentliche Geschäft" (S. 125) aufgewertete Wissenschaft von den revolutionären sozialen Strömungen der Zeit abtrennt. Als Galilei dieses Rehabilitierungsangebot zurückweist und die Angst vor körperlichem Schmerz als ausschlaggebendes Motiv für sein Handeln benennt, wiegelt Andrea Sarti Galileis Entgegnung mit dem gleichen Argument ab: „Die Wissenschaft kennt nur ein Gebot: den wissenschaftlichen Beitrag." (S. 126)

Denkt man Sartis kurz darauf folgenden Ausruf „Todesfurcht ist menschlich. Menschliche Schwächen gehen die Wissenschaft nichts an." (S. 126) konsequent zu Ende, so redet er hier der Entmenschlichung der Wissenschaften das Wort. Herausgelöst aus dem sozialen Wertesystem, kann über die wissenschaftliche Forschung kein menschliches Urteil gefällt werden.

Sartis Versuch, den Verrat Galileis nachträglich mit dessen wissenschaftlichem Werk zu rechtfertigen, wird von Galilei entschieden widersprochen. Dieser ist nämlich nicht bereit, die Wissenschaftler bezüglich der eingesetzten Mittel und der Folgen ihrer Forschung aus der Verantwortung zu entlassen. Nachdem Sarti vom ehemaligen Ankläger nun in die Rolle des Verteidigers hinübergewechselt ist, ist Galilei es selbst, der den Part der Anklage übernimmt. In einem wortgewaltigen Monolog geht er mit sich selbst ins Gericht und entwickelt dabei in scharfer Abgrenzung von Sartis Ethik einer „reinen Wissenschaft" die Wertmaßstäbe für eine sozial verantwortliche Forschung.

Da für Galilei das Ziel der Wissenschaft allein darin besteht, „die Mühseligkeit der menschlichen Existenz zu erleichtern", darf wissenschaftliches Forschen nicht zum Selbstzweck werden, denn es ist mit einer sozialen Bestimmung verknüpft. Wissenschaft hat demnach zwangsläufig „mit beiden Kämpfen zu tun", dem Bemühen um eine rational überprüfbare Welterschließung, die sich dem Wohle des Menschen verpflichtet.

Weit über den Horizont seiner Zeit hinausblickend, entwickelt der inzwischen in seiner Sehkraft eingeschränkte Galilei eine traumatische Zukunftsvision, in der der wissenschaftliche Fortschritt sich in sein Gegenteil verkehrt und zu einem „Fortschreiten von der Menschheit weg" (S. 128) verkommen ist. Dieses Wortspiel verweist eindrucksvoll auf die Folgen einer von Sarti theoretisch gerechtfertigten und von Galilei schuldhaft praktizierten entmenschlichten Wissenschaft. Galileis visionäre Kraft kann die leidvollen Erfahrungen der Generationen des atomaren Zeitalters vorwegnehmen, wenn er von dem „universalen Entsetzensschrei" spricht, mit dem die Menschheit eines Tages wissenschaftliche Errungenschaften beantworten wird.

Der Wissenschaftler beschreibt die Konsequenzen seines Wirkens vom Standpunkt einer nachfolgenden historischen Epoche aus und muss zwangsläufig zu einer Verurteilung seines Widerrufs kommen. Er beschuldigt sich selbst, seine historisch einzigartige Möglichkeit, die Wissenschaft dem Wohle der Menschheit zu weihen, verwirkt und einer Entwicklung zum Durchbruch verholfen zu haben, in der die Wissenschaft vor Missbrauch nicht geschützt zu werden vermag.

Die Beteuerungen seines eigenen Versagens sind jedoch keineswegs nur selbstzerstörerisch. Von ihnen geht vielmehr ein utopischer Appell an die nachfolgenden Wissenschaftlergenerationen aus, ihm nicht gleichzutun, sondern ihr Wirken in Gedenken an den hippokratischen Eid der Ärzte im Bewusstsein sozialer Verantwortlichkeit zu gestalten.

Brechts Absicht, das Publikum an zu starken Sympathiebekundungen gegenüber der Titelfigur zu hindern, ist wohl nur bedingt gelungen. Einerseits führt die unerbittlich vorgenommene Selbstbezichtigung Galileis die Schwere seiner Tat unmissverständlich vor Augen, andererseits jedoch zollt die schonungslose Selbstanalyse dem Zuschauer Bewunderung ab. Der eigentliche Verdienst der Galilei-Figur ist es jedoch, in der Verurteilung des eigenen Versagens auf eine überzeugende historische Alternative zu verweisen. Diese kann als richtungweisend in dem vergangenen und gegenwärtigen Bemühen um die Herausbildung einer Wissenschaftsmoral betrachtet werden.

Rezeptionsgeschichte

Berücksichtigt man bei der Rezeptionsgeschichte von Bertolt Brechts Drama *Leben des Galilei* neben dem Wandel der literaturwissenschaftlichen Kritik auch die Entwicklungslinie der unter dem Einfluss des Dramas entstandenen Folgewerke, so kann gewiss zu Recht von einer nachhaltigen Wirkung des Stückes in der literarischen Öffentlichkeit gesprochen werden.

Die Aufnahme des *Galilei* vonseiten der bundesdeutschen Literaturwissenschaft ist bis weit in die 60er-Jahre hinein überschattet von dem angespannten innerdeutschen Verhältnis. Gegenüber einem Schriftsteller wie Brecht, der sich offen zu seiner marxistischen Überzeugung sowie zu seiner Sympathie für den sozialistischen Staat der DDR bekannte, hegte man im kapitalistischen Westen großes Misstrauen. Im Osten hingegen versuchte man, den Autor und sein Werk für die kommunistische Ideologie zu vereinnahmen. Nach und nach begegnete man ihm jedoch auch mit Kritik, da sich seine auf Verfremdung zielende Kunstauffassung den herrschenden ästhetischen Vorstellungen nicht fügte.

Vor dem Hintergrund dieser politischen Konfliktsituation ist es nicht verwunderlich, dass sich sowohl west- wie auch ostdeutsche Rezensenten verstärkt auf die das Verhältnis von Individuum und Gesellschaft betreffenden Aspekte des Dramas konzentrierten. Als repräsentativ für die bundesrepublikanische Position mag Günther Rohrmosers Kritik an der im *Galilei* verkörperten Gesellschaftsauffassung gelten, die Rolle des Individuums werde nicht gebührend gewürdigt. Sein Vorwurf entzündete sich an der im Drama propagierten Geschichtsvorstellung, in der „Situationen nicht vorgesehen [sind], in denen der spontane Einsatz des Einzelnen gefordert ist, um der Bewegung der Geschichte eine Richtung auf das humane Telos [Endziel, d. Verf.] hin zu verleihen."[2]

Aus ostdeutscher Perspektive hingegen wurde das gleiche Phänomen mit einer konträren Wertung versehen. Die Tatsache, dass Galilei sich in seiner Rolle als Wissenschaftler am florentinischen Hof gegen die kirchliche Obrigkeit nicht durchzusetzen vermag, wird als Plädoyer des Autors für eine klassenlose Gesellschaft gelesen: „Der Widerspruch ist nicht individuell lösbar, sondern nur gesellschaftlich und in Kämpfen, er ist nicht lösbar in einer Klassengesellschaft, sondern nur durch deren Überwindung."[3]

Die Rezeption des Werkes zwischen den ideologischen Fronten versucht Brecht darüber hinaus in seiner Rolle als Autor und Dramaturg zu steuern. In Form von Textüberarbeitungen (vgl. *Interpretationshilfe*, S. 7 ff.) und Bühnenanweisungen greift Brecht in ungewöhnlicher Weise in den Rezeptionsvorgang ein, da er sich vor dem Hintergrund der weltpolitischen Ereignisse, dem Atombombenabwurf über Hiroshima und Nagasaki, zu einer Umakzentuierung einzelner Passagen gezwungen sieht. Zahlreiche dramaturgische Anweisungen Brechts an den Galilei-Darsteller Charles Laughton zeugen von seinem Bemühen, dem Publikum den Wissenschaftler nicht länger als eine mit gewöhnlichen menschlichen Schwächen behaftete Identifikationsfigur, sondern als abstoßenden sozialen Verräter zu präsentieren: Galileis „Selbstanalyse darf unter keinen Umständen von dem Darsteller dazu missbraucht werden, mithilfe von Selbstvorwürfen den Helden dem Publikum sympathisch zu machen."[4]

Entgegen den Versuchen des Autors, seiner Titelfigur jegliche moralische Integrität abzusprechen, betont die überwiegende Zahl literaturwissenschaftlicher Arbeiten nichtsdestotrotz die spannungsreiche Ambivalenz der Galilei-Gestalt. Für Sautermeister[5] stellt eine solche gegen die Autorintention gerichtete

Rezeptionsweise sogar eine besondere Hochschätzung des Stückes dar, da sie die zu Zweifel ermutigende Dramengestaltung nicht zugunsten der ideologisch überformten Selbstanklage Galileis in der Schlussszene aus dem Blick verliert.

Auch die beiden bekanntesten Folge- bzw. Gegenstücke zu Brechts *Leben des Galilei*, Friedrich Dürrenmatts 1962 erschienene Kriminalkomödie *Die Physiker* sowie Heinar Kipphardts Dokumentationstheater *In der Sache J. Robert Oppenheimer* (1964)[6], widmen sich der Frage nach den Möglichkeiten und Grenzen individueller Verantwortlichkeit im Feld der wissenschaftlichen Entwicklung.

Dürrenmatts *Physiker* sind, anders als Brechts *Galilei*, nicht mehr von der grundsätzlichen Zuversicht in die der Menschheitsentwicklung förderliche technische Entwicklung getragen. Während Brecht den Sündenfall der Naturwissenschaften auf das prinzipiell vermeidbare Fehlverhalten Galileis zurückführt, ist die Szenerie Dürrenmatts von einer ebenso willkürlichen wie ausweglosen Katastrophenerfahrung gekennzeichnet. Drei Physiker, die sich im Besitz einer menschheitsbedrohenden Weltformel befinden, täuschen Wahnsinn vor, um das gefährliche Wissen vor seiner Verbreitung zu schützen. Es gelangt jedoch trotzdem in die Hände der machthungrigen Leiterin der Irrenanstalt. Wissenschaftliche Erkenntnis ist nicht länger ausschließlich an ihre geistigen Hervorbringer gebunden, vielmehr kann, „was einmal gedacht wurde, [...] nicht mehr zurückgenommen werden"[7]. Dürrenmatts Gesellschaftsporträt im Zeitalter atomarer Bedrohung trägt beklemmende Züge, da es den Verlust individueller Steuerbarkeit und somit die Ohnmachtserfahrung der Menschen vorführt, die in einer fatalen Ausweglosigkeit gefangen sind.

Heinar Kipphardts szenischer Bericht hingegen stützt sich auf Dokumentationsmaterial des Verfahrens der amerikanischen Atomenergiekommission gegen den Erfinder der Atombombe,

J. R. Oppenheimer, während der Kommunistenhetze der McCarthy-Ära. Der Kernphysiker wird wegen angeblicher Illoyalität vor Gericht gestellt, da er angesichts der atomaren Katastrophe nach dem Angriff auf Japan seine Mitarbeit an der Entwicklung der Wasserstoffbombe verweigert. Brechts Galilei-Figur vergleichbar, klagt Oppenheimer eine den Grundsätzen der Moral verpflichtete Haltung der Wissenschaftler ein, ohne jedoch die vernunft- und fortschrittsgläubige Haltung seines Vorgängers zu teilen. Hatte Galilei als Folge einer sozial verantwortlichen Forschertätigkeit eine der Menschheit förderliche Entwicklung in Aussicht gestellt, gestaltet sich der Ausblick Oppenheimers weitaus düsterer. Obwohl der Physiker sich aus gesellschaftlichem Verantwortungsgefühl heraus zur Weiterentwicklung moderner Waffentechnologien nicht länger bereit erklärt, ist er sich dennoch bewusst, dass sein individueller Entschluss den Gang der Forschung nicht aufzuhalten vermag.

Kipphardts Stück nimmt somit eine Zwischenstellung zwischen Brechts *Galilei* und Dürrenmatts *Physikern* ein.

Eine Konfrontation von Brechts *Leben des Galilei* mit den Folgestücken Dürrenmatts und Kipphardts kann dazu beitragen, die jeweiligen Auffassungen vom Verhältnis zwischen Wissenschaft und Gesellschaft klarer herauszuarbeiten und voneinander abzugrenzen. Die Erhellung vergangener Wissenschaftsvorstellungen kann somit einen Beitrag dazu leisten, gegenwärtige Entwicklungen zu erkennen und auf sie gestaltend Einfluss zu nehmen.

Literaturhinweise

In der Interpretationshilfe verwendete Lektüreausgabe:
BERTOLT BRECHT: *Leben des Galilei.* SuhrkampBB. Frankfurt 1998

Weiterführende Literatur:
ALBRECHT FÖLSING: *Galileo Galilei – Prozeß ohne Ende. Eine Biographie.* München: Piper 1983
Eine anspruchsvolle und zugleich gut lesbare Biografie Galileo Galileis, die einen hervorragenden Einblick in die Geschichte der Naturwissenschaften vermittelt.

WOLFGANG HALLET: *Bertolt Brecht, Leben des Galilei. Interpretation.* (Oldenburg Interpretationen Band 51) München 1991
Eine ausführliche Untersuchung zu Brechts Drama, die weit über das im schulischen Deutschunterricht zu Leistende hinausgeht. In Auszügen ist diese Arbeit, eventuell zur Ausarbeitung eines Referats, jedoch durchaus empfehlenswert.

WERNER HECHT (Hg.): *Brechts Leben des Galilei.* Suhrkamp Taschenbuch Materialien. Frankfurt 1981
Ein für den schulischen und universitären Gebrauch erstellter Materialienband. Neben einem Vergleich der drei Fassungen des Stückes finden sich Äußerungen Brechts im Arbeitsjournal, in Briefen, in der Dokumentation zur Theaterarbeit sowie Interpretationen verschiedener Literaturwissenschaftler.

LITERAMEDIA: *Bertolt Brecht. Leben des Galilei. Text, Interpretationshilfe und Materialien auf **CD-ROM**.* Terzio Verlag
Eine besonders ansprechende Hinführung zum interaktiven Arbeiten mit dem Werk, seiner Entstehungsgeschichte und seiner Interpretation. Mit Hyperlinks zwischen Primärtext, Erläuterungen und Notizbuch.

Anmerkungen

1 Sigmund Freud: *Vorlesungen zur Einführung in die Psychoanalyse* (1916–1917). Studienausgabe Band 1, Frankfurt 1982, S. 283 f.
2 Günter Rohrmoser: *Das Leben des Galilei.* In: Benno von Wiese (Hg.): Das deutsche Drama vom Barock bis zur Gegenwart. Interpretationen. Band 2. Düsseldorf 1958, S. 401–414, hier S. 413
3 Käthe Rülicke: *Leben des Galilei. Bemerkungen zur Schlusssequenz.* In: Sinn und Form 9 (1957). 2. Sonderheft Bertolt Brecht, S. 269–321, hier S. 321
4 Bertolt Brecht: *Selbstaussagen. Zu einzelnen Szenen.* In: Werner Hecht (Hg.): Brechts Leben des Galilei. S. 67–73, hier S. 71
5 Gert Sautermeister: *Zweifelskunst, abgebrochene Dialektik, blinde Stellen: „Leben des Galilei“* (3. Fassung 1955). In: Walter Hinderer (Hg,): Brechts Dramen. Neue Interpretationen. Stuttgart 1984, S. 125–161
6 Heinar Kipphardt: *In der Sache J. Robert Oppenheimer.* Reinbek bei Hamburg 1987
7 Friedrich Dürrenmatt: *Die Physiker.* Komödie. Zürich 1985, S. 85

(Bitte blättern Sie um)